40 DIAS SEM REDES SOCIAIS

Copyright © 2025 por Maquinaria Sankto.
Copyright © 2020 por Capstone Performance Ventures, LLC. Publicado originalmente em inglês com o título *The 40-Day Social Media Fast* por Baker Books, uma divisão da Baker Publishing Group, Grand Rapids, Michigan, 49516, E.U.A. Todos os direitos reservados.

Todos os direitos desta publicação reservados à Maquinaria Sankto Editora e Distribuidora LTDA. Este livro segue o Novo Acordo Ortográfico de 1990.

É vedada a reprodução total ou parcial desta obra sem a prévia autorização, salvo como referência de pesquisa ou citação acompanhada da respectiva indicação. A violação dos direitos autorais é crime estabelecido na Lei n.9.610/98 e punido pelo artigo 194 do Código Penal.

Este texto é de responsabilidade do autor e não reflete necessariamente a opinião da Maquinaria Sankto Editora e Distribuidora LTDA.

Diretora-executiva
Renata Sturm

Diretor Financeiro
Guther Faggion

Administração
Alberto Balbino

Editor
Pedro Aranha

Preparação
Gustavo Rocha

Revisão
João Lucas Z. Kosce

Marketing e Comunicação
Matheus da Costa, Bianca Oliveira

Direção de Arte e diagramação
Rafael Bersi

DADOS INTERNACIONAIS DE CATALOGAÇÃO NA PUBLICAÇÃO (CIP)
ANGÉLICA ILACQUA – CRB-8/7057

Speake, Wendy
    40 dias sem redes sociais : um jejum de telas para alimentar a alma e fortalecer a fé / Wendy Speake. -- São Paulo : Maquinaria Sankto Editora e Distribuidora Ltda, 2025.
    240 p.
ISBN 978-85-94484-94-9
Título original: The 40-Day Social Media Fast
1. Vício em internet – Aspectos religiosos 2. Vida cristã 3. Redes sociais on-line I. Título
25-2744   CDD 261.52

Índice Para Catálogo Sistemático:
1. Vício em internet – Aspectos religiosos

Rua Pedro de Toledo, 129 – Sala 104
Vila Clementino – São Paulo – SP, CEP: 04039-030
www.sankto.com.br

WENDY SPEAKE

40 DIAS SEM REDES SOCIAIS

UM JEJUM DE TELAS PARA ALIMENTAR A ALMA E FORTALECER A FÉ

sanktō

SUMÁRIO

11 • Nota dos editores
13 • Prefácio
15 • Antes de jejuar
24 • Diretrizes

26 • **Dia 1**
A mídia social é ruim?

30 • **Dia 2**
Siga-me

35 • **Dia 3**
Escapismo

40 • **Dia 4**
Socializando

46 • **Dia 5**
Histórias de supermercado

51 • **Dia 6**
Alguns bons amigos

56 • **Dia 7**
Olhos nos céus

61 • **Dia 8**
Encontre a maçã

65 • **Dia 9**
Faxina de primavera

70 • **Dia 10**
Distanciamento social

74 • **Dia 11**
Tire seu celular do trono dele

78 • **Dia 12**
"Tech-neck"

83 • **Dia 13**
Pepitas de Ouro

89 • **Dia 14**
Pare de rolar a tela. Comece a passear

94 • Dia 15
Encha meu copo, Senhor

99 • Dia 16
E então?

104 • Dia 17
Escolhido

109 • Dia 18
El Roi

114 • Dia 19
A grama não é sempre mais verde

119 • Dia 20
Luzes vermelhas

124 • Dia 21
Famoso

129 • Dia 22
Você está pronto para estar pronto para Deus?

134 • Dia 23
Mantendo seu primeiro amor em primeiro lugar

139 • Dia 24
Já chega!

143 • Dia 25
Saboreie o Salvador

148 • Dia 26
Coragem líquida

152 • Dia 27
Isso não é um jogo

158 • Dia 28
Distrações de *streaming*

162 • Dia 29
Extra! Extra! Leia tudo sobre isso!

168 • Dia 30
Pequenas raposas

173 • Dia 31
Jejum de *selfie*

178 • Dia 32
Jejum de luta

183 • **Dia 33**
Hábitos sagrados

189 • **Dia 34**
A disciplina espiritual
do descanso sabático

194 • **Dia 35**
A disciplina espiritual
da oração

199 • **Dia 36**
A disciplina espiritual
de ir à igreja

204 • **Dia 37**
A disciplina espiritual
de leitura da Bíblia

208 • **Dia 38**
As disciplinas espirituais
de servir e de dar o dízimo

214 • **Dia 39**
As disciplinas
espirituais da solidão
e da meditação

219 • **Dia 40**
Limites e liberdade

225 • **Dia 41**
Uma vida inteira
de devoção

229 • Agradecimentos
230 • Notas

Este livro é dedicado àqueles de nós que buscam querer mais a Deus, mas que agarram mais o celular.

Portanto, já que vocês ressuscitaram com Cristo, procurem as coisas que são do alto, onde Cristo está assentado à direita de Deus. Mantenham o pensamento nas coisas do alto, e não nas coisas terrenas.
— Colossenses 3:1-2

NOTA DOS EDITORES

A proposta de *40 dias sem redes sociais* pode soar, à primeira vista, como um desafio radical. No entanto, o que a autora norte-americana Wendy Speake nos convida a fazer é muito mais do que uma simples desconexão; é um convite à reflexão profunda sobre o impacto dessas plataformas em nossa fé, em nossos relacionamentos e em nossa própria identidade.

Para o leitor brasileiro, essa temática ressoa com particular intensidade. Temos uma cultura calorosa, que valoriza o contato humano e as conexões genuínas, mas também somos um dos países com maior engajamento nas redes sociais. Isso se revela nos números: conforme o *Digital 2025: Brazil*, 144 milhões de contas de redes sociais estavam ativas em janeiro de 2025, o equivalente a **67,8 % da população** — um aumento significativo em relação aos 144 milhões (66,3 %) registrados no início de 2024. Isso significa que mais de dois terços dos brasileiros estão conectados de forma ativa todos os dias, vivendo uma rotina dividida entre o mundo real e o ambiente on-line.

A profundidade desse engajamento fica ainda mais clara quando observamos plataformas específicas. Em uma pesquisa do *Opinion Box*, no Instagram, plataforma predominante no país, 93 % dos usuários brasileiros acessam o aplicativo ao menos uma vez por dia, sendo que **57 % acessam várias vezes ao longo do dia**, e **17 % o mantêm aberto o tempo todo**. Esses dados revelam uma relação intensa entre brasileiros e suas telas — um fenômeno que convive lado a lado com nossa busca genuína por conexão, mas que frequentemente traz ameaça ao tempo de presença real e à sensibilidade com os outros e com Deus.

Esta obra é uma oportunidade de reavaliar hábitos, silenciar o ruído externo e, talvez, reencontrar a voz interior que se perdeu em meio a tantas notificações.

A editora Sankto tem o prazer de trazer este livro – e autora – para o público brasileiro, na esperança de que ela inspire transformações significativas e duradouras. Que estas páginas impulsionem a uma experiência libertadora e profundamente enriquecedora.

Boa leitura e boa jornada!

PREFÁCIO

O que Deus quer de nós também quer para nós

Durante seis meses antes de 1º de dezembro de 2019, eu sabia que Deus queria que eu fizesse uma pausa nas redes sociais. Eu sentia aquele empurrãozinho interno, o silencioso, mas persistente, do Espírito Santo.

Depois de alguma relutância, concordei. Não se tratava apenas de sentir que *não poderia* me afastar das mídias sociais. Eu não *queria* fazer isso. Com tendência a trabalhar demais, meu cérebro noturno é ocupado, como um *hamster* irritante que faz minha roda mental funcionar até a morte. A rolagem parece domá-la. Vamos ser claros: eu gosto do entorpecimento da rolagem (*scrolling*).

Mas toda a minha resistência ao jejum foi inútil, porque se há uma coisa que aprendi em meus 48 anos é que Jesus cumpre seu plano. Deus tinha um plano para que eu silenciasse meu celular e o ouvisse. No meio da primeira noite após o início da desintoxicação, ele fez uma importante revelação ao meu coração.

Gostaria de ter dito sim a Deus mais cedo. Em um mundo repleto de vozes humanas altas e persistentes, ouvir o que ele tem a dizer tornou-se mais terrível do que nunca.

É com alegria que dou as boas-vindas ao livro da minha amiga Wendy — um livro que trata de muito mais do que o jejum de mídia social. Se você sente que perdeu o rumo em um mundo barulhento, este livro te ajudará. Se você se sente dominado por seu apego ao entorpecimento da rolagem, nestas páginas você encontrará esperança.

Deus tem um plano para se encontrar com você — uma nova revelação que ele quer transmitir à sua alma. Disso tenho certeza. Embora esse jejum possa, a princípio, parecer um tremendo sacrifício de sua parte, na verdade é um grande presente dele.

Lembre-se: o que Deus quer de nós também quer para nós.

Estou muito animada para que você comece.

— **Lisa Whittle**, autora best-seller, palestrante, apresentadora de podcast e treinadora de ministério.

ANTES DE JEJUAR

Todos parecem estar olhando para baixo hoje em dia. Eu me pergunto se é por isso que muitos de nós também se sentem para baixo. Estamos sempre inclinando a cabeça, mas não em oração. Embora acreditemos que a oração funciona, não temos tempo para nos ajoelhar, porque estamos em nossos celulares, verificando o que está acontecendo *on-line*, respondendo a uma mensagem de texto, assistindo a um vídeo no *Youtube* — e depois olhando para cima bem a tempo de tirar uma foto do pôr do sol. Quando a publicamos nas redes sociais, percebemos que nosso pescoço está doendo e que esquecemos de lavar a roupa.

Precisamos de uma pausa. Um hiato sagrado. Um período sabático das redes sociais.

Meu nome é Wendy, e estou exausta. Talvez isso tenha algo a ver com as noites passadas assistindo a filmes, ou talvez seja porque não tenho nenhum momento de silêncio sem uma tela me estimulando. Estou toda "tuitada". Preciso me desconectar por um tempo para que eu possa me conectar com aquele que me tempera. Quero voltar a ser centrada. Quero ser leve — brilhante também, com energia para servir e sorrir, mas estou tão esgotada quanto a bateria do meu celular — e sei que não estou sozinha.

Aqui está a história de como comecei a jejuar das redes sociais de uma forma mais retrógrada: há seis anos, convidei meus "amigos" *on-line* para se juntarem a mim em um jejum de açúcar de quarenta dias. Fiquei surpresa com o número de pessoas que se inscreveram em nossa comunidade *on-line*. De maneira gradual, ano após ano, mais homens e mulheres se juntaram a nós para o evento anual. Confessamos, coletivamente, que estávamos recorrendo, para superar nossos dias, a algo que não era a força de Deus. Assim, jejuamos de açúcar para nos banquetearmos com Cristo e sua doce Palavra. Cada vez que passávamos por esses quarenta dias juntos, ele fazia crescer em nós uma fome santa por ele. Ele estava se aumentando em nossas vidas, e nós estávamos diminuindo. Muitos de nós perdemos peso, mas, acima de tudo, perdemos nossos ídolos. Alguns de nós até largaram seus celulares.

Embora o açúcar seja a ênfase durante esse jejum de quarenta dias, o jejum de açúcar abre a porta para nosso doce salvador. Nós o convidamos a entrar nos aposentos mais íntimos de nossa vida. Uma vez lá dentro, ele olha em volta e diz: "Obrigado pelo açúcar, mas eu quero tudo. Quero sua vida inteira". Nesse momento, perguntamos a nós mesmos quais são as outras distrações que nos atrapalham e quais são as outras fortalezas que nos impedem de experimentar seu forte domínio. Em coro, a maioria dos meus amigos que jejuam responde: "É o meu celular!".

Os *smartphones* nos distraem no que é mais importante: Deus. E os amigos da vida real com os quais ele nos cercou ficam em um distante terceiro lugar. Ao longo das páginas deste livro e dos dias de nosso jejum, voltaremos a Mateus 22:36-39, em que um especialista na lei levítica perguntou a Jesus: "Mestre, qual é o maior mandamento da Lei?". Esse homem estava realmente perguntando a ele: "O que é mais importante?". "Jesus respondeu: 'Ame o Senhor, o seu Deus, de todo o seu coração, de toda a sua alma e de todo o seu entendimento'. Esse é o primeiro e maior mandamento. E o segundo é semelhante a este: 'Ame o seu próximo como a si mesmo.'"

Nada em minha vida tornou mais difícil amar a Deus com todo o meu coração, alma e mente do que minha conexão constante com meus dispositivos. O mesmo se aplica quando se trata de amar meus vizinhos da vida real. Os dispositivos causam distanciamentos e desconexões.

Há dez anos, eu acordava, espreguiçava-me e pegava minha Bíblia na mesa de cabeceira. Bem descansada, eu passava um tempo com Deus no início de cada novo dia antes de atender às necessidades de meus três filhos pequenos. Essa era minha rotina matinal. Hoje, porém, a primeira coisa que pego é meu celular. Embora eu prometa a mim mesma "Vou abrir meu aplicativo da Bíblia", e muitas vezes o faça, meu "tempo de silêncio" é interrompido por notificações barulhentas de pessoas com quem estou conectada *on-line*. A conexão *on-line* tornou a conexão com Deus quase impossível.

Antes que eu me dê conta, estou verificando o *e-mail* e, em seguida, dou um pulo para ver quem curtiu minha publicação da noite anterior no *Instagram*. Enquanto meu chuveiro esquenta, interajo com o amigo virtual que me deixou uma mensagem enquanto eu dormia. No início de cada novo dia, eu me comunico com aqueles de que "gosto" mais do que com aquele que mais amo, o que me leva a perguntar: será que eu realmente o amo mais?

Acredito, em meu coração, que sim. Amo a Deus mais do que amo todas as pessoas do mundo (e todas as pessoas na *World Wide Web*), mas a maneira habitual como me volto para o mundo atesta minhas prioridades. É por isso que *40 dias sem redes sociais* é minha jornada pessoal de volta ao que mais importa — a *quem* mais importa.

Clive Staples Lewis escreveu: "A história humana [é] a longa e terrível história do homem tentando encontrar algo além de Deus que o faça feliz".[1] Hoje, nesta era digital, com nossos *smartphones*, *tablets*, relógios e *laptops* nos distraindo constantemente, estamos buscando a felicidade de maneira desesperada. Em Jeremias 2:13, o Senhor clama: "O meu povo cometeu dois crimes: eles me abandonaram, a mim, a fonte de água viva; e cavaram as suas próprias cisternas, cisternas rachadas que não retêm água".

Se você se sente constantemente sedento por mais, nunca totalmente satisfeito, não importa quantas vezes volte a beber do poço da mídia social ou do *streaming* e das compras *on-line*, então é provável que esteja bebendo de um poço que nunca foi feito para satisfazê-lo. Querendo ou não, todos nós tendemos a abandonar a fonte de água viva e a cavar nossas próprias cisternas. Elas estão quebradas e, como resultado, nós também estamos. Mesmo assim, continuamos a fazer isso. E quanto mais quebrados nos tornamos, mais fervorosa é nossa busca pela felicidade.

Cada *"ping"*, zumbido e notificação desencadeia uma liberação de dopamina em nossos cérebros, criando sinteticamente uma breve sensação de felicidade. Nós nos tornamos química e emocionalmente viciados nessas emoções de curta duração. É por isso que decidi colocar o pé no chão, desligando meu celular, para que, em vez disso, eu possa buscar a alegria indutora da presença de Deus.

Eu me arriscaria a dizer que, no início, você pegou seu celular como uma ferramenta para melhorar sua vida, não para consumi-la. No entanto, as pessoas brilhantes que criaram o *Facebook*, o *Instagram* e inúmeros outros *sites* de mídia social são mestras em incentivar o vício. Nosso mundo *on-line* não evoluiu de maneira acidental; ele foi projetado intencionalmente. Sinto isso quando pego meu celular mais de cem vezes por dia. Vejo isso em meus filhos quando eles jogam jogos *on-line* e enviam *memes* engraçadinhos para os amigos. Testemunho isso quando meu marido coloca o celular virado para cima na mesa quando nos reunimos para jantar em família.

Como resultado, todos nós estamos lutando para viver o momento. Temos dificuldade para interagir com aqueles que amamos, porque estamos perseguindo aqueles de quem "gostamos". Esquecemos de cheirar as rosas das quais estamos ocupados tirando fotos. Além disso, o brilho "pixelado" de nossas telas não nos faz brilhar no mundo como Cristo nos chamou para brilhar. Já avisei que podemos perder nosso foco, e agora estou dizendo que também podemos perder nosso brilho. Mas eu me recuso!

Esses são alguns dos motivos pelos quais decidi tirar meu primeiro período sabático de mídia social. Eu queria mais do que um sentimento passageiro de felicidade; eu queria uma alegria duradoura. Então, eliminei as distrações e me dediquei a encontrá-la. O primeiro lugar que olhei foi para cima, e acontece que olhar para cima era a resposta. Agora estou levantando os olhos novamente e convidando você a olhar para cima comigo.

O que este livro é e o que não é

40 dias sem redes sociais é uma coleção de quarenta leituras diárias com o objetivo de levá-lo de volta à presença daquele que mais importa. Esse jejum não é apenas uma desintoxicação digital, embora você também tenha essa experiência. Esse é um jejum espiritual com um propósito profundamente espiritual. Estamos dando um tempo de todos os outros para abrir espaço para Cristo e para aqueles que ele colocou em nossas vidas. John Piper escreveu: "A verdadeira liberdade da escravidão da tecnologia não vem principalmente de jogar fora o *smartphone*, mas de preencher o vazio com as glórias de Jesus que você está tentando preencher com os prazeres do dispositivo".[2]

Este livro não é um tratado sobre os males da mídia social. Não estou aqui para convencê-lo de que você está tendo dificuldades nesta era digital. Em vez disso, este livro e esses quarenta dias são um convite e uma oportunidade para abrir espaço para as glórias de Jesus.

Um estudo recente determinou que, a cada segundo, mais onze pessoas se conectam à mídia social pela primeira vez. Até 2021, estimava-se que mais de três bilhões de pessoas estariam conectadas *on-line*. Isso representa 40% da população mundial. E não estou falando apenas de "fazer *check-in*". O tempo médio que as pessoas passam nas redes sociais também continua aumentando: 109 minutos por dia em 2015, 126 minutos por dia em 2016, 135 minutos por dia em 2017, 144 minutos por dia em 2018 e 153 minutos por dia em 2019. Nesse ritmo, quando este livro for lançado, as pessoas gastarão, em média, quase três horas de suas vidas diárias *on-line*.[3] É claro que não precisamos de estatísticas para saber que isso é verdade. É por isso que estamos deixando nossos dispositivos de lado por quarenta dias.

Um jejum de mídia social não significa manter a tecnologia em seu devido lugar. Não! Trata-se de manter Deus em seu devido lugar: no centro de nossa atenção e afeição.

Como começar

Em todas as Escrituras, vemos que o Senhor fala claramente àqueles que o buscam. Ele falou ao seu povo por meio de anjos e sonhos, por meio da lei e dos profetas e, por fim, por meio do próprio Jesus. Como Deus se tornou uma pessoa, ele sabe como falar pessoalmente, e isso significa que ele personalizará esse jejum só para você, se você permitir. Ele não lhe dará uma lista de coisas a fazer (ou uma lista de coisas a não fazer) e o enviará sozinho para seu caminho. Leve os detalhes desse jejum a ele e permita que ele o guie com a ajuda do Espírito Santo. Talvez o Senhor fale com você sobre uma ou mais destas tentações *on-line*:

Facebook: Você se sente tentado a permanecer no *Facebook* em vez de permanecer com o único que disse "Permaneça em mim"? Se esse for o caso, então faça um jejum do *Facebook*. Largue o *Facebook* e levante seu rosto. Deixe de lado o *Facebook* para que você possa passar algum tempo sem se distrair, face a face com ele. Seu rosto no livro dele: esse é o *Facebook* de que você precisa neste momento.

Instagram: Se esses lindos quadradinhos e retângulos o prendem, desista deles e passe tempo com aquele que deu a vida por você. Se você encontra seu valor nas imagens perfeitamente selecionadas que compartilha no *Instagram*, passe esses quarenta dias considerando como você se tornou digno em Cristo.

Twitter (atual X): Você já acreditou na mentira de que "você é o que você 'tuíta'"?[4] Passe quarenta dias descobrindo quem Deus diz que você é. Sua identidade não se encontra em quão espirituosos ou incisivos podem ser seus 280 caracteres. Você é um filho de Deus, feito à sua semelhança. Desligue o *Twitter* e abra sua Bíblia. Passe seu tempo pesquisando a Palavra e descubra quem você é, com base na opinião de Deus.

Snapchat: Não se trata de mídia social, mas esse *site* pode sugar suas horas noturnas. Se você renuncia ao seu descanso noturno em troca de uma história que não é sua, mergulhe na história de Deus e na narrativa que ele está escrevendo em sua vida. Desligue os personagens fictícios com os quais você passa horas todas as noites e invista esse tempo em pessoas reais, exatamente onde você mora.

Jogos on-line: Se você passa mais tempo jogando palavras cruzadas do que trocando palavras com seus amigos e familiares, desista desses jogos por quarenta dias. Quando você parar de se concentrar em "subir de nível", há uma chance de melhorar.

LinkedIn: Você se pega verificando quem no seu setor está procurando por você *on-line*? Saia do *LinkedIn* por quarenta dias e pare de ficar obcecado com seu próximo emprego. É seu trabalho agora deixar assuntos profissionais de lado e parar de querer galgar cargos superiores.

Trabalho on-line: Por falar em trabalho, muitas vezes as pessoas me dizem que não podem jejuar das redes sociais porque grande parte de seu trabalho ou ministério é feito *on-line*. Leve os detalhes desse jejum ao Senhor. Ele conhece seu trabalho. Talvez ele fale com você sobre estabelecer parâmetros em torno de suas horas de trabalho, como reservar meia hora para postar e se comunicar com os clientes *on-line* no início de cada dia de trabalho, seguido por outro curto espaço de tempo no final do dia. Depois fique *off-line* o resto do dia.

Dito isso, Deus pode chamá-lo a fazer algo ainda mais arriscado. Uma de minhas amigas tem uma pequena empresa *on-line* e, durante nosso jejum, ela se sentiu inspirada a fechar completamente o negócio. Entendo que essa não é uma opção para a maioria das pessoas. Compartilho a história dela apenas para demonstrar que, quando inclinamos os ouvidos e o coração para ouvir, nosso salvador fala a cada um de nós de forma personalizada.

Há milhares de outros aplicativos, *sites* de mídia social e sugadores de tempo *on-line* — armadilhas virtuais nas quais tendemos a cair todos os dias. *Snapchat* e *Pinterest*, *TikTok* e *sites* de namoro *on-line*, *podcasts* e TED Talks, histórias do *Instagram* e vídeos do *Facebook Live*, mensagens de texto e *e-mail*s sem fim. Embora você possa querer me enviar um DM para dizer "Não conseguimos parar de nos comunicar completamente", minha resposta seria "Já paramos".

Toda essa "comunicação" nos impediu de nos comunicarmos com aquele (e aqueles) que mais valorizamos. Sei que isso parece contracultural, e de fato é. Mas Jesus disse que, se quisermos segui-lo, devemos negar a nós mesmos (Mateus 16:24). Nos próximos quarenta dias, pare de seguir todas as outras pessoas *on-line* para poder segui-lo de todo o coração.

Troque suas distrações *on-line* por devoção à vida real.

DIRETRIZES

Como você leva esse jejum ao Senhor em espírito de oração, liste especificamente o que está deixando de fazer e pense em como espera preencher esses espaços vazios com as glórias de Jesus. Durante os dias de jejum, o Senhor pode pedir que você renuncie a algo mais. Faça o que ele pede: obedeça. Ele não te chamou para sacrificar a mídia social, mas para ser um sacrifício vivo (Romanos 12:1), portanto, fique atento às convicções que certamente virão. Em seguida, escolha quando você jejuará e convide sua família e amigos próximos para participarem. Aqui estão algumas ideias de quando jejuar:

Janeiro: janeiro é uma bela época para nos afastarmos do ritmo corrido após o agito das férias. O fato de ser o início de um novo ano me faz pensar no chamado de Deus para levarmos nossas primícias a ele. Os primeiros quarenta dias representam um pouco mais de 10% do ano. De certa forma, estamos dando o dízimo de nossas palavras, nossa atenção e nosso foco. Jesus recebe mais do que sua parte, em primeiro lugar e acima de tudo.

Quaresma: Pessoalmente, opto por me afastar das redes sociais a cada Quaresma. É a época do ano em que os cristãos tradicionalmente jejuam de alimentos para se banquetear com a presença de Cristo. Como descobri que, sem pensar, eu me delicio com um banquete virtual mais do que com qualquer alimento literal, todo ano deixo de lado meus dispositivos durante esses dias sagrados. Esse jejum se tornou tão significativo para mim, que o espero ansiosamente, como algumas pessoas esperam ansiosamente por férias literais. A Quaresma se tornou minhas férias virtuais anuais.

Verão: O verão é outra época sensacional para se afastar das telas. As mães, em especial, usam suas telas para fugir e descansar de todas as pessoas em suas casas, o dia todo, todos os dias. O que aconteceria com seu verão e as lembranças que terá dele se você o passasse com as mãos livres? Você estaria menos ocupado com os outros e mais presente com os seus? Você estaria compartilhando menos sua diversão e se divertindo mais de fato?

Inclua esses quarenta dias em seu ano. Talvez você goste tanto dessa pausa, que voltará a se desconectar antes do fim do ano. Não importa quando você tire seu período sabático de mídia social, oro para que encontre grande alegria e liberdade ao olhar para cima!

DIA 1
A MÍDIA SOCIAL É RUIM?

"Por que você me chama de bom?", respondeu Jesus. "Não há ninguém que seja bom, a não ser somente Deus."
— Lucas 18:19

Todas as vezes que sugiro às pessoas que passem um período prolongado de jejum de redes sociais, açúcar, compras ou namoro — qualquer coisa que as distraia de seu relacionamento íntimo com o Senhor —, recebo a pergunta "Mas isso é ruim? A mídia social é ruim? O açúcar é ruim? Namorar, fazer compras, comer e beber são ruins?". A resposta, é claro, é ao mesmo tempo simples e complicada. Não, essas coisas não são ruins. No entanto, talvez, para você, elas não sejam boas. Em vez de perguntar "Isso é bom para mim?", comece considerando as palavras de Jesus: "Não há ninguém que seja bom, a não ser somente Deus" (Lucas 18:19).

É claro que Deus, em sua bondade transbordante, deu-nos muitas coisas boas para desfrutar. De fato, na história da criação, ele olhou para tudo o que havia feito e "viu que era bom" (Gênesis 1:10, 12, 18, 21, 25). Então, o que Jesus quis dizer quando afirmou que somente Deus é bom? Acredito que ele quis dizer que toda coisa boa só é boa à luz do bom propósito para o qual Deus a criou. As plantas e os animais são bons como plantas e animais; os celulares são bons como celulares; e os relacionamentos com os entes queridos também são bons em seu devido lugar, mas nenhuma dessas coisas jamais teve a intenção de substituir Deus. O Sol nunca foi planejado para ser o filho. Os presentes nunca deveriam tomar o lugar do doador. Nenhuma coisa criada neste mundo foi planejada para substituir aquele que criou este mundo. Isso seria ruim.

Deus olhou para tudo o que havia feito e desfrutou de sua criação. É claro que ele quer que nós também a apreciemos. Portanto, não. Comida, bebida, namoro, leitura e compras não são ruins por si só. A mídia social também não é, a menos que a criatura atrapalhe o criador. Se a mídia social se interpôs entre você e o Senhor, então a mídia social não é boa para você.

No decorrer desses quarenta dias, talvez você descubra — como muitas pessoas descobriram ao jejuarem e orarem — que a mídia social, os jogos *on-line* e os filmes em *streaming* não são bons para você. Talvez você aprenda a estabelecer limites em relação ao seu tempo *on-line* — o que você compartilha, quando compartilha, por que compartilha e com que frequência volta para ver quem gostou. Jejuar da mídia social por um período pode ajudá-lo a entender seu relacionamento com Deus e com o celular.

1Coríntios 10:23 nos diz que todas as coisas são permitidas, mas que isso não significa que elas sejam necessariamente boas para nós. Gosto muito de como a Nova Versão Internacional (NVI) resume isso. Olhando de uma forma, você poderia dizer: "Vale tudo. Por causa da imensa generosidade e graça de Deus, não precisamos dissecar e examinar cada ação para ver se ela será aprovada". A questão não é ser aprovado na prova de fogo quando passamos pela vida, mas viver a vida em Cristo ao máximo. A mídia social o ajuda a fazer isso?

Clive Staples Lewis escreveu certa vez: "Não há terreno neutro no universo: cada centímetro quadrado, cada fração de segundo, é reivindicado por Deus e contra reivindicado por Satanás".[1] Nosso bom Deus quer usar a mídia social para nosso bem e sua glória, mas Satanás está decidido a se apropriar desse território e a usá-lo para nossa morte. Isso é verdade em tudo. Deus quer que nos concentremos; Satanás gosta de nos deixar desorientados. Deus nos quer dedicados; Satanás adora quando estamos distraídos. Deus nos quer contentes; Satanás nos ama descontentes — insatisfeitos, deprimidos e abatidos. Deus quer que conheçamos seu amor incomparável, enquanto o diabo quer que comparemos nossa vida com a de outras pessoas enquanto buscamos um tipo diferente de amor — um amor que se parece mais com "gostosuras".

O maior bem que você jamais experimentará é o amor supremo de Deus encontrado em Cristo Jesus! A mídia social é ruim? Não, mas nossas tendências humanas são. Se você costuma procurar amor e companhia *on-line*, quando o amor de Deus é encontrado na companhia de Cristo, então a mídia social não é boa para você. Talvez você precise de um breve intervalo de quarenta dias para se conectar com Deus. Desconectar-se do que é menos bom o libera para se conectar com aquele que é o melhor. Com a ajuda dele, quando esse jejum terminar, talvez você consiga estabelecer limites para seus relacionamentos *on-line* que lhe permitam desfrutar desses bons presentes à luz do bom doador. Mas, se não conseguir, não volte a se relacionar *on-line*. Todas as coisas podem ser permitidas, mas se elas não permitirem que você se concentre na bondade satisfatória de Deus, então elas não são boas para você.

A mídia social não é o inimigo; o diabo é. A mídia social é simplesmente outro campo de batalha espiritual. O diabo quer isso para si, mas o Senhor quer que tudo o que toca nossa vida seja um toque santo dele. Ele tem bons propósitos para cada coisa boa que criou. O diabo sabe disso; é por isso que ele está sempre à caça — procurando oportunidades de tomar o solo sob nossos pés. Ele é chamado de "o príncipe deste mundo" (João 14:30) e, como nosso inimigo, ele "ronda" o mundo inteiro (e a *World Wide Web*) "como leão, rugindo e procurando alguém a quem possa devorar" e uma maneira inteligente de devorá-lo (1Pedro 5:8). Ele usa tudo o que este mundo lhe oferece.

Estas palavras de Andy Wilsen Tozer me intrigam profundamente: "Tudo o que me afasta da minha Bíblia é meu inimigo, por mais inofensivo que possa parecer".[2] Em *Cartas de um diabo a seu aprendiz*, Clive Staples Lewis conta a história de um demônio sênior chamado Screwtape, que está ensinando seu sobrinho, Wormwood, um jovem demônio em treinamento, a como atrair um homem para longe de Jesus. Uma de suas principais táticas é distrair o cristão de Cristo. Eu adoraria ler uma versão moderna desse clássico. À luz da tecnologia atual, como Screwtape aconselharia Wormwood a atrair seu homem para longe de Deus?

A mídia social te distraiu da vida dedicada? Ela te impediu de experimentar uma comunhão permanente com Deus? Uma vida passada em comunhão com Deus não é apenas uma vida boa; é a melhor vida — e essa melhor vida segue para uma vida eterna de comunhão eterna. Que maravilha! Jejue daquilo que é bom temporariamente para experimentar o único que é bom eternamente, que tem sua melhor vida na palma de sua mão graciosa. Aquilo que você tem na mão está te separando daquele que te tem na mão?

A mídia social é ruim? Não, talvez não, mas, nos próximos quarenta dias, vamos colocá-la sob a luz das palavras de Jesus: "Somente Deus é verdadeiramente bom".

> Querido Senhor, o Senhor é bom e bom para mim, e deseja me fazer crescer para ser bom, assim como o Senhor. Preciso de mais tempo com o Senhor. Não quero que nada atrapalhe esse relacionamento santificador. Obrigado por esses quarenta dias. Estou escolhendo o Senhor, o bom doador de presentes, em vez de qualquer bom presente. No bom nome de Jesus, amém.

DIA 2
SIGA-ME

"Sigam-me", disse Jesus, "e eu os farei pescadores de homens".
— Marcos 1:17

Impossível que as pessoas que você segue *on-line* tenham se colocado entre si e aquele que disse "Sigam-me". Essa não é uma afirmação hipotética. Eu sei que isso é verdade para mim mesma. A não ser que eu siga Jesus de maneira intencional, fico à deriva, sem querer, junto das massas na correnteza deste mundo. Mas Jesus não simplesmente nadou contra a correnteza; ele andou sobre as águas. Ele se colocou acima das correntes culturais da época e convidou seus companheiros mais próximos a se juntarem a ele acima das ondas. Ele disse "Sigam-me" (Marcos 1:17).

Ele convidou seus discípulos a segui-lo no início de sua amizade e, depois disso, continuou a convidá-los, repetidas vezes. Considere Pedro, que recebeu seu primeiro "sigam-me" em Mateus 4:19, e que depois o ouviu de novo após Jesus perguntar três vezes "Você me ama?" (João 21:17, 19). Jesus não faz um convite único, mas um cortejo constante.

Mateus 14:22-33 conta a história de Jesus caminhando pelo mar da Galileia, varrido pelo vento. Quando ele se aproximou do barco que levava seus amigos nos momentos nebulosos, pouco antes do amanhecer, os discípulos o viram chegar e ficaram apavorados. "É um fantasma!", gritaram.

Jesus, que está sempre nos chamando para uma fé maior, respondeu: "Tenha coragem. Sou eu. Não tenha medo".

Pedro, impetuoso e ousado, gritou para ele: "Se és tu, manda-me ir ao teu encontro por sobre as águas".

"Venha", convidou Jesus — exatamente como havia feito no início da amizade deles, na margem daquele mesmo lago. Em resposta a esse convite antes do amanhecer, Pedro saiu do barco e caminhou acima da correnteza. Infelizmente, o vento e as ondas se mobilizaram para chamar sua atenção, e Pedro, distraído, tirou os olhos de Jesus. Com medo e afundando, ele gritou: "Senhor, salva-me!".

Imediatamente, Jesus estendeu a mão e o pegou. "Homem de pequena fé, por que você duvidou?", ele perguntou (Mateus 14:31).

Aqui, no início do seu jejum de mídia social de quarenta dias, espero que você ouça o chamado familiar do nosso salvador: "Sigam-me". Não importa se você está parado na praia, sem nunca ter respondido ao convite dele, ou se está sentado em seu barquinho, ansioso para caminhar com ele acima da correnteza da cultura; o convite é seu. Junte-se a ele.

Não será fácil. A tentação de tirar os olhos de Cristo e de sua Palavra, que te sustenta, será constante. A solidão pode até ameaçar virá-lo, mas que alegria será sair de seu barco e segui-lo nesse caminho contracultural, que constrói a fé e a água! Ao longo desses dias, você precisará manter seus olhos continuamente nele, ou será arrastado. É por isso que o convite dele é contínuo, e não feito uma só vez:

"Sigam-me."

"Sigam-me."

"Venha..."

Que bondade do Senhor continuar nos convidando!

Talvez, nos últimos anos, com as ondas do mundo cada vez maiores e mais altas, você não consiga ouvi-lo como antes. Se é assim que você se encontra hoje, eu entendo. Entretanto, aprendi, por experiência própria, que não é porque o Senhor tenha se calado; o mundo simplesmente ficou tão barulhento, que o abafou.

Embora eu me volte para o Senhor nos momentos tranquilos da manhã, quando leio uma passagem das Escrituras e um devocional diário, a maior parte do meu dia é passada na conversa clamorosa *on-line*. Eu gostaria de dizer que isso não é verdade, mas a prova está na minha tela. Meu *iPhone* monitora meu tempo *on-line*, revelando minhas prioridades. Dezessete minutos no aplicativo *YouVersion Bible* no início do dia, seguidos por 163 minutos em redes sociais, tópicos de notícias e mensagens de texto. Sem dúvida, meus olhos estão atentos ao vento e às ondas, e meus ouvidos estão atentos àqueles que sigo *on-line*.

Embora Jesus tenha dito claramente "Venha, siga-me", eu me canso de seguir todo mundo. Talvez você também esteja cansado e pronto para descansar. Jesus fez este convite em Mateus 11:28: "Venham a mim, todos os que estão cansados e sobrecarregados, e eu lhes darei descanso". Embora eu tenha memorizado esse versículo anos atrás, recentemente senti o Senhor me fazer esse convite à luz de todas as outras coisas para as quais corro, recorro ou "venho" todos os dias: *Venha a mim*.

Quando ligo meu computador: *Venha a mim. Quero me conectar com você.*

Ao fazer uma ligação telefônica para desabafar meu estresse com um amigo: *Call on me!*

Enquanto eu navego no *Facebook*: *Não os siga. Siga-me.*

Quando eu abro o *Instagram*: *Venha a mim. Abra-se para mim.*

Enquanto assisto a mais um programa de TV noturno: *Venha. A. Mim.*

Quando começo uma mensagem de texto, reclamando a uma amiga sobre meu dia: *Apague isso. Não reclame a ela. Venha a mim.*

Enquanto me conecto à *Amazon Prime* para uma breve terapia por meio de compras: *Venha a mim. Sou um guia maravilhoso.*

Enquanto corro para a Starbucks para comprar algo doce: *Minhas palavras são doces como mel. Venha até mim.*

Quando me volto para a comida reconfortante: *Vinde a mim. Sou o grande guia.*

Venha a mim.

Há tantas coisas às quais recorro sem pensar todos os dias — tantas coisas que como, leio, assisto, compro e consumo. Mas o convite de Deus a seus discípulos foi e continua sendo "Venha a mim. Na praia, nas ondas, na encosta, em sua casa — onde quer que você esteja, eu sou. Venha a mim".

Você está cansado? Se estiver esgotado e exausto, exausto de correr para todos os falsos deuses que este mundo tem a oferecer, corra para aquele que, antes de tudo, convidou-te a levar seu cansaço a ele. Ele pode carregar seus fardos. Aquele que carregou a cruz pode carregar o que te preocupa hoje. É isso que ele faz. É para isso que ele veio. A *Amazon Prime* não pode fazer isso. O *Facebook* não pode fazer isso. O *Snapchat* não pode fazer isso. E todas as pessoas que você segue *on-line* também não podem fazer isso. Não é função delas aliviar seu fardo ou alegrar seu semblante. É o trabalho de Deus. *Não as siga. Siga-me. Venha a mim.*

Ele é capaz de te carregar durante seus relacionamentos dolorosos. Ele pode lidar com seus medos e fracassos. Ele também pode suportar sua solidão. Somente ele é capaz de aliviá-lo de suas lutas contra o pecado e de sua vergonha. Ele pode carregar o peso por todo o caminho, até a colina do calvário, e depositá-lo aos pés da cruz em seu favor. Em troca desses fardos pesados, ele oferece seu jugo leve. É isso que ele nos dá quando entregamos tudo a ele.

Você gosta da ideia de "ir a Jesus", mas não tem certeza do que isso significa? Então me acompanhe nas páginas deste livro enquanto eu sigo Jesus. Reserve um momento para aceitar a graciosa oferta de Cristo e deixe que ele o guie nesses quarenta dias!

> *Querido Senhor, sua Palavra não é um registro longínquo de um Deus antigo e distante. O Senhor está falando hoje ao meu coração atento: "Venha a mim". O Senhor está me convidando agora. Espírito Santo, dê-me a coragem de parar de abrir o celular e, em vez disso, abrir os ouvidos para sua voz calma. Tenho sido teimoso, mas sou muito grato por seu convite muitas vezes repetido: "Sigam-me". Nada mais foi capaz de dar conta dessa tarefa. Somente o Senhor tem o poder de atender às minhas necessidades quando eu o sigo. Por isso, oro em seu nome e digo sim para segui-lo hoje. Amém.*

DIA 3
ESCAPISMO

"Vocês não leram que, no princípio, o criador 'os fez homem e mulher' e disse: 'Por essa razão, o homem deixará pai e mãe e se unirá à sua mulher, e os dois se tornarão uma só carne'? Assim, eles já não são dois, mas, sim, uma só carne. Portanto, o que Deus uniu, ninguém o separe."
— Mateus 19:4-6

Vovó faleceu em meu 25º aniversário. De todas as mulheres em minha vida, ela foi o melhor exemplo de devoção inabalável ao marido. Vovô não era perfeito, e ela também não, mas continuou sendo uma esposa dedicada durante a guerra, seguida de um casamento que durou a vida toda. Vovó, no entanto, tinha uma paixão que a atraía para longe da família: ela adorava ler. Quando precisava de uma pausa da forte personalidade do vovô (ou dos netos indisciplinados), ela desaparecia no banheiro com um livro da biblioteca.

Com o passar dos anos, vovó retirou tantos livros da biblioteca local, que ela mesma criou um sistema para evitar que retirasse acidentalmente os mesmos livros várias vezes. Na página 36 de cada livro que lia, ela sublinhava o número da página a lápis.

Embora ela sempre tivesse livros espalhados pela casa, não me lembro de ter visto minha avó lendo um. Ela nunca teve um livro de bolso cobrindo seu rosto quando eu estava no mesmo cômodo que ela. Nem quando pintávamos com aquarelas na mesa da cozinha, nem enquanto eu nadava na piscina, nem quando assistíamos a um show juntos. Eu sempre via o rosto dela.

Assim como a vovó se certificava de que nunca houvesse um livro em seu rosto quando estava comigo, eu tento manter meu rosto longe do *Facebook* quando estou com minha família. Com o passar dos anos, isso tem se tornado cada vez mais difícil. Sou muito parecida com minha avó, com sensibilidade tranquila, e meu marido é como meu avô, com energia e carisma inesgotáveis. Além disso, temos três crianças igualmente fortes em nossa casa, com perguntas constantes e vozes altas. Como sou uma pessoa introvertida e muito sensível, fico sobrecarregada com frequência, e a mídia social é uma maneira tentadora de escapar do estresse. Infelizmente, quando me afasto para passar alguns momentos de tranquilidade *on-line*, é raro eu voltar descansada e pronta para me envolver de novo.

Quando recorro ao meu celular para lidar com o estresse, não volto para minha família mais capaz de lidar com o estresse. Quando me esgueiro para as redes sociais, não volto para meu marido e meus filhos mais socialmente disponível. Quando coloco meu rosto no *Facebook* em vez de no bom livro, não encontro a ajuda de que preciso quando é hora de encarar minha família novamente.

Quando meu filho mais velho tinha quatro anos e o mais novo era recém-nascido, comecei a acessar o *Facebook* no meu computador de mesa durante os cochilos da tarde. Quando as crianças acordavam, eu desligava o computador e o deixava no escritório. Como eu não usava esse tempo para preparar o jantar ou lavar a roupa, sempre me sentia um pouco culpada, mas, mesmo assim, conseguia deixar minhas distrações no outro cômodo e mergulhar na vida familiar mais uma vez.

As coisas mudaram quando meu celular me dominou. Quando o *Facebook* passou a ter um lugar permanente no meu bolso, ele se tornou um portal permanente — capaz de me transportar para longe da minha família. Mesmo que estivéssemos fisicamente na mesma sala, eu não estava de fato lá com eles. O *Facebook* deixou de ser apenas um período de férias na hora do cochilo e passou a ser uma forma de escapismo para todos os dias.

Os efeitos em nossos casamentos são duplamente agravados, porque nossos cônjuges têm suas próprias "tocas de tatu" virtuais, que também lhes oferecem uma rota de fuga fácil: as conversas por mensagem de texto com os amigos os fazem rir, e as notícias podem ter mais tempo de visualização do que nós.

No entanto, quando Jesus falou sobre o casamento, disse a seus seguidores que não deixassem que nada os separasse de seus cônjuges. Mateus 19:5 nos diz que o marido deixará sua família e se unirá ou se *apegará* à sua esposa. Sempre adorei a escolha da palavra na versão King James: *apegar-se*. Deus nos criou para sairmos e depois nos apegarmos. Infelizmente, na cultura atual, deixamos uns aos outros e nos apegamos às coisas erradas.

A palavra hebraica para "unir" é *kollaó*, que vem da raiz da palavra *kolla*, que significa "cola".[1] Essa não é a cola branca de escola que você usava. Essa é a supercola espiritual que nos une, tornando-nos um só. Para nos separarmos um do outro, é necessário um rompimento tão intenso, que os fragmentos de um permanecem incorporados ao outro. É por isso que o divórcio e os relacionamentos distantes com os filhos são tão dolorosos. Hoje em dia, porém, muitos de nós saem sem sair — deixamos nossas famílias e nos apegamos aos nossos celulares. Fugir de nossos entes queridos nunca foi o plano de Deus para nós.

Deixar o celular e o computador em outro cômodo é um bom primeiro passo, mas a maioria de nós não estabelece esse limite de precaução. Quando não tomamos a decisão de deixar a tentação para trás, estamos fazendo a escolha de permitir que a tentação permaneça. É difícil se *apegar* a alguém quando se está segurando o celular. Esperamos que esse jejum te ajude a se apegar novamente aos seus entes queridos.

Quando uma de minhas amigas voltou de nosso jejum de mídia social em toda a comunidade, exclamou: "Nesses últimos quarenta dias, meus filhos viram mais meu rosto. Só isso já valeu muito a pena!". Já ouvi declarações semelhantes de muitos pais após o jejum. Não apenas seus filhos desfrutaram mais deles, mas eles desfrutaram mais de seus filhos. Eu me arriscaria a dizer que muitos desses filhos até se tornaram mais agradáveis. Quando nossos filhos têm nossa intenção, eles não precisam chamar nossa atenção. Andy Crouch explicou o fenômeno da seguinte forma: "Muitas crianças nascidas em 2007... competiram contra as telas de seus pais a vida inteira".[2]

O mesmo acontece com nossos cônjuges. Quando nos desconectamos de maneira intencional de nossos celulares e nos colocamos à disposição deles no final de um longo dia, simplesmente nos conectamos. Sem adivinhações, sem estresse. Adoro o que Arlene Pellicane disse: "Pense no que aconteceria em seu casamento se você estendesse a mão para tocar seu cônjuge tantas vezes quanto estende para tocar seu celular".[3]

O que aconteceria se você desse aos seus entes queridos seu melhor em vez do que resta de si? Mantenha-se firme em seu jejum e descubra por si mesmo.

Querido Senhor, não quero mais fugir do estresse ou das pessoas. Durante este jejum, ensine-me a me apegar ao Senhor e às pessoas que o Senhor me deu. É difícil manter o compromisso; por favor, ajude-me a me comprometer novamente. Quero largar o celular e tocar meus entes queridos, desligar minha tela e abrir meus braços. Abençoe minhas amizades e minha família à medida que eu aprender a abençoá-los com toda a minha atenção nos próximos dias. Em nome de Jesus, amém.

DIA 4
SOCIALIZANDO

E consideremo-nos uns aos outros para incentivar-nos ao amor e às boas obras. Não deixemos de reunir-nos como igreja, segundo o costume de alguns, mas encorajemo-nos uns aos outros, ainda mais quando vocês veem que se aproxima o Dia.
— Hebreus 10:24-25

Sentei-me no sofá com Chanda, e conversamos sobre o que ela aprendeu ao se afastar das redes sociais. Ela confessou:

> As primeiras duas semanas foram solitárias. É como se eu tivesse que aprender tudo de novo sobre como ser sociável. Meus amigos da vida real também não facilitaram as coisas para mim. Eu pegava meu celular e ligava em vez de mandar mensagem, mas eles não respondiam. Em vez disso, mandavam imediatamente uma mensagem de volta: "Oi, tudo bem?".

Nos Estados Unidos, usamos o acrônimo IRL[*]. Ele significa "na vida real" e não se refere às pessoas *on-line*, mas àquelas com quem temos intimidade na vida real. Infelizmente, a maioria de nós está tão ocupada, com a cabeça baixa sobre a tela, que se esquece de olhar para cima e ver as pessoas que estão entre nós. No máximo, enviamos mensagens de texto ou comentamos a última postagem do *Instagram* uns dos outros. É assim

---

[*] Em inglês, o acrônimo significa "In real life" (N. T.)

que estamos "conectados" — tão conectados *on-line*, que nos desconectamos na vida real. Quando a mídia social se torna nossa língua nativa, ficamos com a língua presa e socialmente desajeitados na vida real.

Chanda e eu não estávamos sentadas sozinhas. Vinte outras mulheres estavam amontoadas em minha sala de estar no final de um de nossos jejuns anuais de açúcar. Estávamos jejuando do açúcar e nos banqueteando com a doce Palavra de Deus. Embora fizéssemos parte de uma comunidade *on-line*, queríamos quebrar nosso jejum juntas, cara a cara. Durante o café da manhã, revezamo-nos para compartilhar o que havíamos aprendido durante nossos dias sem açúcar. Foi então que Chanda surpreendeu a todos nós. Pouco depois de começar o jejum de açúcar, ela sentiu o Senhor lhe dizer para abandonar também a mídia social. Embora adorasse *cupcakes*, ela sabia que se distraía mais com o *Facebook*. Ficamos surpresos com sua coragem e nos inclinamos para aprender com ela, porque sentimos uma atração semelhante em nossas próprias vidas. Alguns dias depois, muitas de nós nos comprometemos a iniciar nosso próprio jejum de mídia social.

No final daquela tarde, escrevi uma lista de coisas que eu dizia valorizar, mas para as quais parecia nunca ter tempo.

- Passar tempo com o Senhor em sua Palavra.
- ORAR!
- Estar presente com a família.
- Planejar a diversão do fim de semana.
- Experimentar novas receitas.
- Sair com meu marido.
- Ler bons livros.
- Limpar o armário do corredor!

- Fazer caminhadas e alongamentos.
- Reunir-me com amigos.

Essa lista se tornou meu "mural de tarefas". Essas eram as coisas que eu planejava fazer durante meu jejum. Eu "recorreria" a essas coisas em vez de à mídia social.

Quando estou com o celular na mão e o *laptop* aberto na mesa da cozinha, distraio-me facilmente. Minhas prioridades desaparecem. Não tenho tempo para as coisas ou pessoas que mais valorizo. Também estou cansada, então deixo minha família para ir para a cama mais cedo e depois passo uma hora navegando pela "união" de outras pessoas antes de cair no sono. Estou muito ocupada, sem fazer nada para planejar um encontro noturno ou experimentar uma nova receita, e certamente estou muito ocupada para me reunir com os amigos.

Providencialmente, minha amiga Kathy me enviou uma mensagem de texto na manhã seguinte, perguntando se eu poderia me encontrar para tomar uma xícara de chá. Eu tinha tanta coisa para fazer naquele dia... Mas me lembrei da minha meta de *socializar* e decidi não esperar até começar oficialmente o jejum. "Claro que posso!", respondi por mensagem de texto e, em uma hora, estávamos sentadas uma em frente à outra, em uma mesa de café. Saí daquele encontro com um sorriso no rosto. Minha intenção de socializar durante meu próximo jejum de mídia social já estava influenciando a maneira como eu vivia meus dias. Meu tempo com Kathy confirmou que a socialização além das redes sociais teria que se tornar uma parte importante da minha vida novamente, mesmo depois do jejum.

Embora o objetivo principal do jejum de mídia social seja substituir as pessoas *on-line* pela pessoa de Jesus Cristo, também é importante substituir as pessoas *on-line* por pessoas da vida real. O objetivo do jejum é sempre deixar de lado o que é temporário e pegar o que é eterno. Deus é eterno, assim como seu povo. Deus nos criou como seres espirituais que viveriam para sempre em sua presença. Portanto, quando dedicamos tempo para investir em outra pessoa, estamos semeando o que é eterno. Às vezes, a mídia social nos dá a oportunidade de nos conectarmos e incentivarmos, mas, na maioria das vezes, deixamos comentários curtos e não dedicamos tempo para encorajar-nos uns aos outros e edificar-nos mutuamente (1Tessalonicenses 5:11). Embora nossos dias passem em uma sequência incessante de conversas, em geral não conversamos.

Alguns dias depois daquela reunião em minha casa, recebi um *e-mail* de Beth, agradecendo-me pela festa e dizendo que havia pensado em mim naquela manhã enquanto lia sua Bíblia. Ela citou 1Tessalonicenses 5:11 juntamente a este versículo: "E consideremo-nos uns aos outros para incentivar-nos ao amor e às boas obras. Não deixemos de reunir-nos como igreja, segundo o costume de alguns, mas encorajemo-nos uns aos outros, ainda mais quando vocês veem que se aproxima o Dia". "O tempo que passamos juntos foi muito agradável", disse ela. Ela queria que eu soubesse que ela se sentia estimulada tanto no amor, quanto nas boas ações por ter passado um tempo em minha casa.

Eu estava mais determinada do que nunca a redefinir o que seria "socializar" durante meu jejum de mídia social. Eu não estava só tirando meu rosto do *Facebook* para passar um tempo cara a cara com Deus e minha família; eu queria intencionalmente dizer sim aos amigos com quem eu havia deixado de me encontrar.

No primeiro dia do meu jejum, fiz algumas ligações telefônicas para alguns amigos da vida real que eu estava perdendo. "Quer fazer uma caminhada no próximo sábado de manhã?", perguntei a duas amigas.

"Traga a família para jantar na sexta-feira à noite!", convidei outras. "Que tal um encontro duplo na próxima semana?", perguntei a um casal que eu e meu marido não víamos há algum tempo. Surpreendentemente, todos os três convites foram aceitos. Minhas duas primeiras semanas de jejum das redes sociais liberaram espaço no meu calendário social para me envolver com pessoas que eu estava muito ocupada para ver. Todos esses três momentos com amigos foram ricamente edificantes e muito divertidos.

Desde aqueles primeiros quarenta dias, continuei com esse hábito sagrado de nos reunirmos durante o jejum. Para que meus relacionamentos na vida real funcionem, mantenho meus relacionamentos *on-line* e não permito que eles se espalhem por todas as horas de todos os meus dias. Lembro-me da advertência de Johann Wolfgang von Goethe: "As coisas que mais importam nunca devem estar à mercê das coisas que menos importam".[1] A comunhão cristã com amigos íntimos e familiares deve ser mais importante do que a conversa constante de centenas ou milhares de "amigos" em todo o mundo. As pessoas que amo nunca devem ficar em segundo plano em relação àquelas de quem "gosto".

Vidas reais não são vividas *on-line*. Embora possamos ser honestos e autênticos, até mesmo transparentes *on-line*, a verdadeira comunhão deve ser guardada para o refúgio seguro de uma comunidade próxima, onde carregamos os fardos uns dos outros e, assim... cumprimos a lei de Cristo (Gálatas 6:2). É difícil carregar o fardo pesado de outra pessoa, estando com um celular nas mãos. Quando esvaziamos as mãos, somos capazes de carregar móveis em caminhões de mudança, segurar bebês enquanto as novas mães tomam banho, colocar caçarolas no forno e segurar as mãos de outras pessoas em oração. Hoje, ligue e faça um convite para uma confraternização cara a cara com um amigo que tem estado muito ocupado. Será uma bênção tanto para você, quanto para a pessoa a quem você estender a mão!

> *Senhor, preciso largar meu celular e olhar nos olhos dos meus amigos. Já faz um tempo, então parece um pouco estranho. Dê-me a coragem de convidar as pessoas para minha vida real, muitas vezes bagunçada, em que as refeições não são "photoshopadas" e selecionadas para obter o máximo de curtidas no Instagram. Ajude-me a valorizar o que você valoriza, Senhor: as almas eternas das pessoas. Você é o melhor amigo de todos, portanto, peço isso em seu nome. Amém.*

DIA 5
HISTÓRIAS DE SUPERMERCADO

> Porque somos criação de Deus realizada em Cristo Jesus
> para fazermos boas obras, as quais Deus preparou
> de antemão para que nós as praticássemos.
> — Efésios 2:10

Quando meus filhos eram bem pequenos, eu os levava para o outro lado da rua, no parque do bairro, todas as manhãs. Às vezes, voltávamos à tarde para dar mais uma volta no balanço. Com uma criança em idade pré-escolar, uma criança pequena e um bebê — além de fraldas, lenços umedecidos, lanches e brinquedos de areia —, minhas mãos estavam ocupadas. Eu tinha um celular *"flip"* enfiado na minha bolsa de fraldas sobrecarregada, embora nunca o tenha ouvido tocar. Esse era um ponto de discórdia em nosso casamento. "Por que você ainda tem um celular?", meu marido se perguntava. "Você nunca o atende." A resposta simples e óbvia era que eu não tinha uma mão livre para segurar o celular. E eu não o mantinha no bolso porque não queria me distrair. As necessidades ao meu redor eram muito imediatas.

Embora eu estivesse ocupada interagindo com meus filhos, também descobri que o parque havia se tornado meu campo missionário pessoal. Claro, eu estava empurrando meus filhos nos balanços e pegando-os no final do escorregador, limpando a areia da boca deles, corrigindo o comportamento, distribuindo lanches e jogando uma bola, mas também estava conversando com meus vizinhos.

Às vezes, eu levava minha câmera — aquela que usava filme de verdade — e tirava fotos das minhas novas amigas com seus filhos. Alguns dias depois, eu via essas mães novamente e lhes entregava um envelope com meia dúzia de fotos delas brincando com seus filhos. Com lágrimas nos olhos, elas me abraçavam, dizendo que não tinham nenhuma foto delas com seus filhos. Quando minhas novas amigas se sentiam bem e amadas, eu as convidava para participar do grupo de mães em nossa igreja local, a apenas duas quadras da rua. Nas manhãs de quinta-feira, um grupo nosso se reunia na esquina às 8h45 e depois empurrava nossos carrinhos de bebê para a Bethany Church. Não consigo imaginar as conversas (ou a colheita) que eu poderia ter perdido se tivesse um *smartphone* sofisticado em minhas mãos.

Efésios 2:10 nos diz que Deus nos criou para as boas obras que ele preparou de antemão para que as encontrássemos e andássemos nelas. Ele não nos criou apenas para boas obras aleatórias. Ele projetou intencionalmente boas obras únicas e específicas para cada um de nós, e depois nos deu oportunidades de servirmos e de amarmos em nossos lares, em nossas comunidades locais e neste grande mundo. Todos os dias, devemos estar em uma caça ao tesouro para encontrar essas boas obras.

Hoje meus filhos são adolescentes. Não vamos mais ao parque local como antes, e agora tenho um *smartphone*. Estou conectada a mais pessoas do que nunca. No entanto, descobri que essa conexão constante não apenas atrapalha minha conexão com Deus e com meus familiares e amigos mais próximos, mas que também me distrai das boas obras que Deus planejou que eu encontrasse além da minha porta de entrada.

No início deste livro, citei Mateus 22:37, em que Jesus disse que o mandamento mais importante é "'Ame o Senhor, o seu Deus, de todo o seu coração, de toda a sua alma e de todo o seu entendimento'. Esse é o primeiro e maior mandamento. E o segundo é semelhante a este: 'Ame o seu próximo como a si mesmo'". Embora eu queira viver com simplicidade, amando a Deus e amando os outros, a realidade é que muitas vezes me distraio — com a agitação da vida e com esta velha pergunta: "Quem são meus vizinhos?". Toda vez que pergunto ao Senhor, sei imediatamente sua resposta expansiva e amorosa. Nossos vizinhos estão em toda parte, e são todos. Todas as pessoas pelas quais você passa hoje quando leva seu cachorro para passear. Todas as pessoas pelas quais você passa de carro quando vai buscar seus filhos na escola. Todas as pessoas que fazem fila para tomar um café com leite na cafeteria ou que usam a cafeteira no trabalho. Todas as pessoas que respiram o mesmo ar que você, mesmo quando você vai ao supermercado comprar alguns itens.

Há anos sonho em escrever um livro intitulado *Grocery Stories* (Histórias de supermercado). Seria uma série de contos que narrariam todas as interações milagrosas que tive no supermercado do meu bairro. A mulher que comprou algumas fatias de peru e uma única porção de molho de *cranberry* no balcão da *delicatessen* em 23 de dezembro de 2016, que acabei convidando para se juntar à minha família para a ceia de Natal e os cultos na igreja. Ou a senhora a quem dei meu buquê de flores recém-comprado porque ela disse "Peônias são minhas favoritas!". Havia o homem na cadeira motorizada, que estava tentando alcançar um pacote de tempero para tacos na prateleira de cima. E o açougueiro, cujos olhos se encheram de lágrimas quando eu lhe disse que acreditava que Deus usa cada um de nossos dias difíceis para nos ensinar a confiar mais nele. O mais memorável foi a mulher mais velha, que estava sentada chorando no carro ao lado do meu, com a testa no volante e o corpo frágil tremendo. Bati gentilmente em sua janela e perguntei se poderia orar por ela. Ela me deixou entrar no carro e me contou que seu marido de cinquenta anos havia recém-falecido. Fazer compras somente para ela sempre lhe provocava tristeza.

Eu costumava estar sempre no meu celular enquanto entrava e saía das lojas, mas depois me perguntei: "Por quantas boas obras eu já passei com os olhos no meu celular? Quantos vizinhos eu tenho estado ocupada demais para ouvir e amar?". Quando deixamos o celular em casa, podemos oferecer ao mundo toda a nossa atenção.

Você consegue imaginar a parábola do bom samaritano sendo vivida hoje? Será que conseguiríamos ao menos ver nosso vizinho, maltratado e machucado na beira da estrada? Que dirá lhe oferecer ajuda? Eu mesma poderia ter tropeçado nele, com meu rosto no *Facebook*. Ligar meu celular me fecha para os outros, mas desligar meu celular me abre para as pessoas ao meu redor. Espero e oro para que, durante esses quarenta dias, você mantenha seu celular na bolsa ou no bolso, para que possa viver esta vida com as mãos vazias e abertas — ajudando, servindo e amando o próximo. Não simplesmente porque você quer "ser um bom ser humano", embora essa seja uma frase de efeito muito "tuitada" no mundo de hoje. Queremos estar disponíveis para cada boa obra designada e ungida que o Senhor preparou para realizarmos... diariamente!

Nossos celulares, destinados a nos conectar com as pessoas, tornam-se uma barreira para o evangelho quando são uma barreira entre nós e os outros. Portanto, nesses quarenta dias, vamos buscar ativa e amorosamente as pessoas que estão em nosso caminho. Cada dia é uma caça ao tesouro! Levante os olhos e encontre as boas obras que Deus preparou para você realizar hoje.

Querido Deus, o Senhor nos criou para amá-lo e para amar os outros. O Senhor nos preparou para boas obras, boas conversas, bom contato visual e sorrisos generosos. O Senhor nos libertou para interagirmos humildemente com as pessoas ao nosso redor, buscando-as de propósito, assim como o Senhor nos buscou pacientemente. Espírito Santo, dê-nos os olhos para enxergar aqueles que precisam de nossa atenção amorosa hoje. Em nome de Jesus, amém.

DIA 6
ALGUNS BONS AMIGOS

"Pois onde se reunirem dois ou três em meu nome, ali eu estou no meio deles."
— Mateus 18:20

Nunca fui popular segundo os padrões do mundo. Não faço parte de nenhum grupo "descolado". Sempre me senti mais confortável com alguns amigos próximos do que com muitos conhecidos. E, na maior parte do tempo, contentei-me com isso. Não me entenda mal. O Ensino Fundamental e o Ensino Médio foram difíceis — aquela época horrível da vida, mas necessária, em que todos lutam para descobrir quem são e a que lugar pertencem neste mundo. Exceto por esse breve período de adolescência, sempre me senti confortável comigo mesma. Chego até a citar o Salmo 16:6: "As divisas caíram para mim em lugares agradáveis: tenho uma bela herança!".

Entretanto, mesmo com minha sensibilidade satisfeita, a mídia social pode afetar meus sentimentos. Como a maioria das pessoas, às vezes me deparo com fotos de "amigos" que se reúnem sem mim e sinto a rápida picada da rejeição e, de vez em quando, a picada permanece comigo por alguns dias. É quando tenho que pregar em meu coração o que sei ser verdade: não preciso que todos gostem de mim, amem-me ou me convidem. Desde que eu esteja segura e protegida nesse relacionamento mais importante e sempre inclusivo com Deus por meio de Cristo, todos os outros tipos de amizade são apenas a cobertura de um bolo já satisfatório.

Embora eu adore cobertura... esse bolo metafórico não precisa de uma tonelada dela. Eu sou amada. E você também é.

Estarmos enraizados nesse relacionamento amoroso nos permite florescer com segurança, mesmo quando somos tentados a nos sentirmos inseguros sobre nosso lugar no mundo virtual. A verdade é que nunca tivemos a intenção de sermos os melhores amigos de todos. Quando Jesus nos fala sobre amizade, usa uma matemática simples. Nada de números grandes, nada de equações difíceis. Em Mateus 18:20, ele nos diz que, para desfrutarmos de sua presença, precisamos apenas de alguns amigos íntimos: "Pois onde se reunirem dois ou três em meu nome, ali eu estou no meio deles". Em Eclesiastes 4, vemos novamente que precisamos apenas de duas ou três pessoas para nos ajudar a levantar quando caímos, para compartilhar um pouco de calor corporal quando estamos com frio e para nos defender quando somos ameaçados. Achamos que precisamos de milhares de "seguidores", mas Jesus diz que precisamos apenas de alguns amigos sinceros. Embora enviemos "solicitações de amizade" como se estivéssemos jogando confete, isso não é necessário, nem mesmo bíblico.

> É melhor ter companhia do que estar sozinho, porque maior é a recompensa do trabalho de duas pessoas. Se um cair, o amigo pode ajudá-lo a levantar-se. Mas pobre do homem que cai e não tem quem o ajude a levantar-se! E se dois dormirem juntos, vão manter-se aquecidos. Como, porém, manter-se aquecido sozinho? Um homem sozinho pode ser vencido, mas dois conseguem defender-se. Um cordão de três dobras não se rompe com facilidade. (Eclesiastes 4:9-12)

Um jantar íntimo com alguns amigos em torno de uma mesa familiar é um dos meus programas favoritos. Eu valorizo o tempo gasto comendo boa comida com pessoas queridas, amigos que estão dispostos a falar sobre assuntos que realmente importam. Esse é meu tipo de festa, e esse é meu tipo de pessoa.

Anos atrás, eu e meu marido, Matt, nos mudamos para uma nova cidade e começamos a frequentar uma nova igreja. Depois de conhecermos algumas pessoas em uma turma de adultos da escola dominical, convidei uma das famílias para um café da manhã com panquecas. Alimentamos as crianças com panquecas de chocolate na cozinha e depois deixamos um programa na TV da sala de estar para elas. Ao redor da mesa de jantar, em uma sala ao lado, eu trouxe uma variedade de alimentos para o café da manhã dos adultos. Na metade da refeição, Matt mencionou um livro que estava lendo, *Crazy Love*, de Francis Chan.

> Ele está me desafiando muito. Percebi que não amo as pessoas tanto quanto a Palavra de Deus diz que eu deveria amar. A parte mais convincente é que eu não quero. Por exemplo, não convido as pessoas para ficarem em minha casa porque elas precisam de um lugar para ficar. Prefiro receber a visita de pessoas que atendam às minhas necessidades de amizade em vez de atender às suas necessidades de abrigo.

Não tenho certeza se Matt parou para dar outra mordida ou apenas para respirar. Não sei por que ele parou, mas um silêncio constrangedor tomou conta da sala de jantar. Por fim, o outro marido disse: "Vocês sempre falam sobre esse tipo de coisa profunda?".

Não é de surpreender que aquele casal não tenha se tornado nosso amigo mais próximo. Eles nunca retornaram o convite, nem nos receberam em seu lar. Quando algumas famílias daquela turma da escola dominical saíram para acampar, não fomos convidados a montar nossa barraca ao lado da deles. Confesso que no começo foi doloroso, mas optei (e continuo optando) por acreditar que nem todo mundo foi feito para ser meu amigo íntimo. Conversávamos com eles na igreja enquanto estávamos na fila para pegar nossos filhos no berçário, mas nunca mais tentamos "ir fundo" com eles.

Não há problema em ter relacionamentos superficiais na igreja e *on-line*; nem toda postagem ou conversa precisam provocar lágrimas ou alegria. O desafio é encontrar um equilíbrio. Vivemos em uma cultura que valoriza belas imagens, mas que não se sente à vontade com belas rupturas. Não podemos valorizar tanto o fato de nos mantermos seguros a ponto de nunca nos aventurarmos abaixo da superfície, em águas mais profundas com algumas pessoas escolhidas.

Não me entenda mal. Não há problema se seu *feed* nas redes sociais se assemelhar mais a um álbum pessoal de recortes dos "melhores momentos". É uma lembrança pictórica, uma maneira fácil de compartilhar as coisas divertidas com sua família e amigos. Não há mal nisso. Não há nada de errado em um *snapshot* de sua comida favorita (#huuum), sua companhia em uma noite (#euoamo) e passeios no parque (#vidademãe). Clique em "compartilhar" e veja as curtidas aparecerem, mas considere-se avisado: não se deixe levar pela vontade de publicar os destaques para que todos vejam, abandonando os amigos com quem você pode compartilhar com segurança as partes menos importantes. Todos nós precisamos de alguns amigos de confiança para apresentar nossos pedidos particulares de oração, nossos novos diagnósticos, nossas confissões e nossos medos.

Outro dia, recebi uma mensagem de texto de minha amiga Emily, em um grupo. Ela a enviou para quatro de nós, desejando a uma de nossas amigas mais queridas, Summer, um feliz aniversário de quarenta anos. Nas duas horas seguintes, todas nós nos juntamos para enviar votos de aniversário para Summer, compartilhar fotos e atualizações sobre nossas famílias e fazer pedidos de oração em particular. Uma mulher compartilhou que ela e o marido sentiram o Senhor chamando-os para adotar por meio do sistema de adoção local. Outra falou sobre a falta de amizades da filha na vizinhança e pediu oração em relação a uma possível mudança. Então Emily arrematou a conversa, dizendo: "Gosto muito dessa sequência de textos e quero continuá-la regularmente. As senhoras me apresentaram ao nosso Senhor e salvador há quase vinte anos. Vocês sempre serão minhas irmãs do coração!".

Irmãs do coração. Há vinte anos. Em um mundo onde carregamos milhares de amigos em nossos bolsos e bolsas, Emily tem quatro que carrega em seu coração. Irmãs do coração.

Não precisamos que todos gostem de nós, amem-nos, convidem-nos ou nos incluam. Na contabilidade de Deus, dois ou três amigos fiéis são uma grande riqueza. Na companhia de apenas alguns, podemos experimentar a riqueza de sua presença e o calor de seu apoio sincero. Vamos pedir a Deus que nos dê contentamento hoje.

> *Querido Senhor, obrigado por me dar alguns amigos de verdade. Embora esta era digital me tente a acreditar que preciso que o mundo inteiro (a Internet) goste de mim, na verdade só preciso do Senhor e do pequeno e íntimo grupo de familiares e amigos com os quais o Senhor me abençoou. Obrigado pelos poucos fios de ouro que o Senhor cuidadosa e graciosamente trançou na tapeçaria de minha vida. Em nome de Jesus, amém.*

DIA 7
OLHOS NOS CÉUS

Os céus declaram a glória de Deus; o firmamento
proclama a obra das suas mãos.
— Salmo 19:1

Estava dentro de casa, na mesa da sala de jantar, escrevendo uma lista de compras, enquanto meus filhos brincavam na piscina em nosso quintal. O som de suas risadas entrava pelas janelas abertas. Era um dia de primavera excepcionalmente quente — meados de março —, e já fazia 32 graus. O verão, ao que parecia, havia chegado cedo ao Sul da Califórnia.

"Mamãe! Mamãe! Mamãe! Mamãe!", gritaram os meninos enquanto saíam da água. Olhei para cima para ver o que estava causando a comoção e não pude acreditar no que via: milhares de borboletas flutuavam ao redor dos meninos. Por toda parte, até onde meus olhos podiam ver, as borboletas se aglomeravam e rodopiavam em todas as direções. Imediatamente, corri para meu quarto. Meu primeiro pensamento foi pegar meu celular. Eu precisava iniciar uma *live* no *Facebook* imediatamente!

No meio do caminho, lembrei-me de que tinha acabado de começar um jejum de mídia social de quarenta dias. Além de não usar o *Twitter*, o *Facebook* e o *Instagram*, decidi deixar meu celular no quarto o dia todo, para estar presente e disponível para minha família. Mas o que estava acontecendo lá fora era incrível. Eu nunca tinha visto nada igual em toda a minha vida. Meus pensamentos giravam dentro de mim enquanto as borboletas giravam do lado de fora da janela. Eu tinha uma escolha:

compartilhar o espetáculo com meus amigos *on-line* ou absorvê-lo com minha família.

Foi então que me lembrei das palavras muitas vezes repetidas de minha mãe: "Tire uma foto mental, Wendy". Quer eu estivesse andando de patins no mar, assando costelas na grelha com amigos da família, abrindo presentes na manhã de Natal, distribuindo margaridas na igreja no domingo de Páscoa ou simplesmente curtindo uma tarde tranquila de sábado plantando amores-perfeitos no quintal, "Tire uma foto mental", ela dizia. Em outras palavras, esteja presente. Grave o momento na memória. Arquive as imagens, os sons, os cheiros e os sentimentos. Quando você envolve todos os seus sentidos, as lembranças permanecem por muito tempo depois que as fotos desaparecem.

Embora meu *iPhone* tenha uma câmera embutida ridiculamente impressionante, essas fotos capturam apenas a exibição visual da glória de Deus. Faça um vídeo e você também poderá apreciar os sons das risadas. Mas viva o momento, e o momento se tornará uma experiência multissensorial que você apreciará para sempre! Quando saí para o pátio, o bater das asas de uma borboleta roçou minha pele. O toque frio e escorregadio dos braços do meu filho mais novo em volta de mim dificultou a respiração, ou talvez tenha sido o milagre do momento. Recuperei o fôlego, impressionada.

"Deus existe!", gritei para os meninos.

"Bom trabalho, Deus!", meu filho mais velho gritou.

Nós nos olhamos e sorrimos. Ele se lembrou de como eu o ensinara a definir *elogio* quando ele era apenas um bebê: "Elogiar é dizer a alguém que fez um bom trabalho. O mesmo acontece com o louvor a Deus. Quando você vê algo bonito, como um pôr do sol ou um bebê recém-nascido, simplesmente diga a ele: 'Bom trabalho, Deus!'".

"Bom trabalho, Deus!", gritamos juntos.

Todos os três meninos, molhados por causa da piscina, estavam contando em voz alta: "178, 179, 180, 181, 182...". Eu me juntei a eles na contagem, e chegamos a bem mais de mil antes que a migração em massa continuasse. Nas semanas seguintes, entretanto, vimos pelo menos vinte borboletas em qualquer direção a que olhássemos, em todos os lugares da cidade. Outras pessoas capturaram o momento em suas câmeras, mas eu capturei o momento na vida real — toda a gloriosa exibição.

Ann Voskamp convida regularmente seus leitores a saírem de casa e a absorverem a glória ao seu redor: "Se toda a Terra está cheia de sua glória, talvez nossas almas precisem de um 'banho de glória' diário".[1] É impossível não concordar plenamente com isso. Não apenas quarenta dias por ano, mas 365. Como podemos fazer isso regularmente, com celulares nas mãos ou com o corpo encolhido e escondido atrás de um monitor de computador ou TV? Não sei como deve ser para você, mas aqui em minha casa, mesmo quando não estou jejuando, mantenho meu celular conectado ao carregador em nosso quarto, por longos períodos todos os dias, e saio para ver o bom trabalho que Deus fez e para dizer isso a ele.

Quando você deixa o celular de lado, é mais fácil levantar os olhos. E quando levantamos os olhos, vemos não apenas nossa família, nossos amigos, nossos vizinhos e o mundo inteiro cheio de pessoas que precisam de nossa atenção amorosa, mas também a gloriosa exibição de um criador louvável. Cada pêssego que cresce em nosso quintal, com sua pele fina e aveludada retendo o sumo mais doce, é a glória de Deus esperando para ser provada. Em cada riacho que corre frio sobre pedras lisas, o riso de Deus pode ser ouvido. Em cada trovão, a criação de Deus o aplaude com entusiasmo, convidando-nos a fazer o mesmo.

Infelizmente para mim, assim que os céus começam a declarar a glória de Deus, geralmente publico uma foto com uma lista de *hashtags* que consome tempo: #salmo19 #océuemanaaglóriadeDeus #testemunhar #grandeartesão #pordosol #incrível #louvor #glória #vidadefé #criador... Infelizmente, durante esses momentos sagrados em que minha cabeça está inclinada sobre o celular, sinto falta de ver o pôr do sol passar o céu da cor de manga para magenta, enquanto o mestre artesão espalha tons celestiais na tela do céu. Embora esses primeiros momentos me deixem sinceramente atônita, rapidamente me distraio do serviço celestial do céu com um desejo irresistível de publicá-lo *on-line*. E embora eu sinta alegria ao compartilhar a imagem com meus amigos *on-line*, a verdade é que vivenciei apenas alguns momentos de glória, quando poderia tê-la absorvido por mais sete minutos. Em minha tentativa de compartilhar sua glória com os outros, muitas vezes perco muito dela. Perco muito quando compartilho muito.

Há alguns anos, fiz uma famosa caminhada no Parque Nacional de Yosemite, conhecida como a Trilha da Névoa. Com medo de danificar meu celular, deixei-o com um amigo, que ficou com os escaladores mais jovens. Enquanto o restante de nós subia a montanha ao lado das quedas d'água, tivemos que nos curvar e usar as mãos para não escorregar. A trilha, talhada em enormes placas de granito, estava escorregadia, com musgo. Um fluxo constante de gotículas de água da cachoeira cobria tudo. Em um determinado momento, olhei por cima do ombro e vi o mais vibrante arco-íris. Não consegui me conter. Levantei-me e ergui as mãos em resposta à glória que estava sendo exibida. O impulso de louvar o Senhor foi muito grande! Estranhos passaram por mim, de quatro, enquanto eu permanecia de pé, chorando, com as mãos erguidas.

Um dos homens de nosso grupo gritou por cima do barulho das quedas: "Wendy, desça, agora!".

Era perigoso, para mim, estar de pé sobre a laje de rocha escorregadia e coberta de musgo, mas todo o meu ser reagiu à glória. Foi uma tolice, mas ainda mais tolo é nunca olhar para cima para ver a glória de Deus em exibição. Nunca olhar para os céus, nunca ouvir a proclamação gritada noite e dia, dia e noite... esse é um tipo totalmente diferente de declive escorregadio.

Durante toda a descida da montanha, eu repetia: "Deus existe! Deus existe! Os céus testemunham isso: Deus existe!".

> Bom trabalho, Deus! As rochas, o pôr do sol e os céus clamam que o Senhor é maravilhoso! Ajude-me a deixar de lado minhas distrações para que eu possa erguer meus olhos e louvar! No louvável nome de Jesus, amém.

DIA 8
ENCONTRE A MAÇÃ

> A palavra proferida no tempo certo é como frutas de ouro incrustadas numa escultura de prata.
> — Provérbios 25:11

Recentemente, encontrei-me na sala de espera de um consultório médico, sentado em frente a uma mãe e seu filho. A criança brincava tranquilamente com um *iPad*. A mãe tinha seu próprio celular e estava olhando para outra coisa. Passei os momentos seguintes folheando meu Rolodex mental de memórias, lembrando como era difícil quando meus filhos tinham essa idade. Eles estavam sempre ao meu lado ou engatinhando no meu colo em salas como aquela. Naquela época, eu mantinha uma sacola de livros e brinquedos no carro especificamente para salas de espera e longas viagens de carro. A maioria dos nossos livros era do tipo "Procure e ache", com itens escondidos em páginas coloridas. Aninhados juntos nas salas de espera, eu dizia coisas como "Mostre-me a maçã", e meus filhos procuravam a imagem de cima para baixo, da esquerda para a direita, de canto a canto, e então exclamavam "Aqui está ela!". Com um dedo rechonchudo pressionado na página, meus filhos olhavam para cima, para meus olhos, encantados por me verem sorrindo de volta.

Hoje há um tipo diferente de "maçã"[*] que nossos filhos desejam usar. Antes dos dois anos, eles sabem procurar em nossas bolsas e bolsos e pegá-la de nossas mãos. Eles memorizam nossas senhas antes de

---

[*] "Apple", no original, refere-se tanto à fruta maçã, quanto à fabricante de celulares, tablets, iPads etc. (N. T.)

saberem soletrar seus nomes. Nós a damos a eles para mantê-los quietos no carro e para acalmar suas agitações em restaurantes. Nós a usamos como recompensa e a tiramos como consequência, e estou me perguntando se perdemos algo precioso nesse processo.

Meu objetivo não é nos repreender, quer sejamos pais e avós, quer simplesmente passemos as horas em salas de espera sozinhos. Em vez disso, minha esperança é nos lembrar de que temos o poder de fazer coisas difíceis e de tomar melhores decisões quanto ao uso do celular. Embora seja mais confortável nos mantermos ocupados e, nossos filhos, quietos, podemos manter nossas telas desligadas enquanto esperamos. Podemos optar por olhar para cima e por conversar com estranhos em salas de espera, ou enquanto aguardamos nossa mesa em um restaurante. Isso pode exigir autocontrole, mas podemos nos controlar. Podemos optar por não responder a *e-mail*s nem retornar ligações até que tenhamos alguns momentos a sós. Podemos levar conosco um livro que envolva nosso intelecto e nossa imaginação, ou optar por levantar os olhos para as páginas coloridas da vida real enquanto procuramos a "maçã" (ou a pessoa ou a conversa) escondida nelas.

Embora nossos dispositivos inteligentes nos ofereçam uma maneira fácil de encontrar qualquer coisa no mundo, eles também podem ser uma distração para as coisas que não podem ser encontradas com uma pesquisa no *Google*. Coisas que só são descobertas quando ficamos atentos à vida e àqueles com quem a vivemos. Amor. Toque. Disponibilidade. Apoio. Oportunidades de servir. Lições de vida. Um ombro para chorar. Uma pessoa a quem reconhecer. Todas as maçãs de ouro, todos os tesouros a serem valorizados.

O homem mais sábio do mundo escreveu certa vez: "A palavra proferida no tempo certo é como frutas de ouro incrustadas numa escultura de prata" (Provérbios 25:11). O rei Salomão era cheio de sabedoria, embora tivesse dificuldades para vivê-la. Ele escreveu sobre autocontrole, mas viveu como um glutão, fora de controle. A lição para nós é simples: não é suficiente saber o que é bom e correto, nobre e verdadeiro, excelente e louvável, edificante e útil.

Vamos nos concentrar nesse único provérbio com o objetivo de deixar esses dias de jejum diferentes de como os começamos. Não precisamos de mais conhecimento intelectual (podemos pedir isso a Siri); o que queremos é a sabedoria para vivê-lo. Leve esse versículo a sério. Ao deixar de lado suas maçãs digitais, procure por esculturas de prata para colocar suas maçãs douradas. Quantas palavras não foram ditas porque você estava distraído demais para se envolver com outro ser humano de carne e osso? Quando jejuo, olho para cima e encontro esculturas de prata em todos os lugares a que vou.

Enquanto estava comprando um vestido novo, vi uma mulher do outro lado da vitrine segurando uma blusa azul-escura. A cor fez seus olhos brilharem. É o tom perfeito para ela, e eu lhe digo isso. "Essa cor é perfeita para seus olhos! Você precisa experimentá-la."

Quando estou preparando o jantar, um dos meus filhos passa por mim com fones de ouvido. Aceno para que ele tire um e digo: "Coloque o que estiver tocando nos alto-falantes da casa para que possamos curtir juntos". O convite era tudo de que ele precisava e, em pouco tempo, estou ouvindo músicas que eu nunca teria escolhido — mas meu filho se sente escolhido —, e isso é uma maçã de ouro que se desprende dos galhos de uma árvore de prata.

A vida é uma grande aventura "Procure e ache" quando estamos sentados no colo do pai celestial na sala de espera chamada vida, procurando maçãs escondidas nas páginas de cada novo dia.

Embora eu reze para que você descubra uma infinidade de maçãs durante seu período sabático nas redes sociais, espero que você fique alerta quando voltar a ficar *on-line*. Não se esqueça de que a maçã na parte de trás do seu celular foi mordida — há tentações a todo momento. Mantenha sua cabeça erguida e seus olhos elevados. Não seja como o rei Salomão, com sabedoria na cabeça, mas falta de sabedoria em sua vida. Isso não é viver de fato. Pratique essa vida plenamente viva agora, para que você saiba como continuar vivendo quando os dias de jejum terminarem.

> *Pai celestial, estou em seu colo agora. O Senhor abriu meus olhos para o livro de histórias que temos diante de nós, e estou em busca de oportunidades de prata em que colocar minhas maçãs de ouro. É assim que me comprometo a viver, espiando cada boa obra e cada boa conversa que o Senhor planejou para mim. Não quero perder nem uma! No bom e dourado nome de Jesus e para a glória do pai, amém.*

DIA 9
FAXINA DE PRIMAVERA

Purifica-me com hissopo, e ficarei puro; lava-me,
e mais branco do que a neve serei.
— Salmo 51:7

Há dez anos, minha sogra, Paula, veio para ficar com os netos para que eu pudesse acompanhar seu filho em uma viagem de negócios à Europa. Enquanto nossos filhos estavam na escola durante o dia, ela me serviu de uma maneira inesquecível. Começou pela despensa, tirando tudo, limpando as prateleiras, jogando fora os mantimentos vencidos e depois organizando tudo. No dia seguinte, ela se debruçou sobre o armário do corredor, onde os materiais de artesanato e os livros de adesivos estavam enfiados ao lado de jogos de tabuleiro e quebra-cabeças.

Certa tarde, durante a aula de caratê dos meninos, ela conheceu uma mãe, que lhe perguntou o que ela fazia com seu tempo quando os meninos estavam ocupados. Paula lhe contou sobre a despensa e o armário do corredor, e a mulher ficou de queixo caído. Ela ficou horrorizada com o fato de minha sogra ter jogado fora quase todos os meus temperos, mesmo que eles tivessem expirado antes do nascimento do meu filho mais velho. Paula riu desconfortavelmente e pensou em tirar tudo da lata de lixo quando voltasse para casa. Ainda bem que ela não o fez.

Com o passar dos anos, enquanto eu corria atrás das crianças e preparava piqueniques no parque, minha despensa e meus armários se tornaram uma bagunça avassaladora. Minha doce sogra não estava tentando me envergonhar, mas, sim, abençoar-me. E ela me abençoou! Até hoje, quando estou sobrecarregada pela vida, ela se oferece para cuidar dos meninos e para limpar minha despensa. Às vezes, eu ainda aceito.

Nos últimos anos, no entanto, aprendi a fazer mais limpezas no armário e na despensa por conta própria. Isso não se deve apenas ao fato de as crianças estarem crescendo, embora isso ajude; a principal razão pela qual sou mais produtiva é porque liberei quarenta dias por ano ao eliminar ativamente minhas distrações. Cada vez que me afasto da desordem do mundo *on-line*, fico surpresa com a quantidade de tempo livre para organizar meu mundo real. Enquanto o Senhor trabalha em seu coração, espero que você use algumas de suas horas liberadas para trazer um pouco de paz ao seu lar. Podemos experimentar paz quando colocamos ordem no caos dos armários e escrivaninhas. As gavetas podem nos distrair quando estão cheias demais. Elas estão cheias de coisas e, em vez de nos livrarmos delas, colocamos mais. Quando finalmente se torna excessivo, estamos muito ocupados para fazer algo a respeito, porque também enchemos nossas vidas.

Seu armário também é um retrato de como você consome o que está *on-line*? Mais e mais e mais, como se mais coisas trouxessem mais alegria. No entanto, acabei descobrindo que menos é mais. Menos tempo *on-line*. Menos pilhas para vasculhar. Assim como menos distrações abrem espaço para mais devoção, menos coisas abrem espaço para mais alegria. A alegria não é encontrada em nossas coisas; ela é encontrada na presença de Deus. "Tu me farás conhecer a vereda da vida, a alegria plena da tua presença, eterno prazer à tua direita" (Salmo 16:11).

Quero ser cuidadosa com o que digo, porque a organização não é outra coisa a ser empilhada no seu prato durante o jejum das redes sociais. Não é preciso limpar a geladeira ou organizar as doze caixas de enfeites de Natal ainda empilhadas na porta. Estou apenas sugerindo que considere usar alguns desses momentos livres para liberar algum espaço em sua vida real. Quanto menos coisas lhe pertencerem, mais espaço você terá para Deus. E quanto mais espaço você tiver para ele, menos se sentirá compelido a comprar mais coisas. O mínimo de coisas em sua casa equivale ao máximo de espaço para que ele se estabeleça em você.

Ao fazer uma faxina de primavera e uma organização durante esses dias de jejum, considere meditar sobre a obra de limpeza de Cristo em sua vida. "A limpeza está próxima da piedade" é frequentemente citada erroneamente como um versículo bíblico,[1] mas a Bíblia deixa claro que a única limpeza que nos torna justos com Deus é a obra de limpeza que ele faz em nossa vida. Desde o Antigo Testamento até o Novo Testamento, somos chamados a viver uma vida limpa *porque fomos purificados de toda injustiça*. Por mais que tentemos, não há nada que possamos fazer para nos limpar e nos tornar apresentáveis ao rei dos reis. É por isso que o rei enviou seu filho, Jesus Cristo, para nos perseguir, limpar-nos e nos levar de volta ao pai.

Ezequiel proferiu as palavras proféticas de Deus sobre um Israel rebelde muito antes de Cristo vir para fazer o trabalho sujo de nossa salvação. "Aspergirei água pura sobre vocês, e vocês ficarão puros; eu os purificarei de todas as suas impurezas e de todos os seus ídolos. (...) Eu os livrarei de toda a sua impureza." (36:25,29)

Anos antes disso, outro profeta veio com uma mensagem semelhante. Após o relacionamento adúltero do rei Davi com Betsabé, o profeta Natã foi até Davi e o confrontou sobre seu pecado. O Senhor puniu Davi, tirando a vida de seu filho. Depois de sua dor, Davi escreveu:

Tem misericórdia de mim, ó Deus, por teu amor; por tua grande compaixão, apaga as minhas transgressões. Lava-me de toda a minha culpa e purifica-me do meu pecado. Pois eu mesmo reconheço as minhas transgressões, e o meu pecado sempre me persegue. (...) Purifica-me com hissopo, e ficarei puro; lava-me, e mais branco do que a neve serei. (...) Cria em mim um coração puro, ó Deus, e renova dentro de mim um espírito estável. (Salmo 51:1-3, 7, 10)

Considere fazer sua própria oração. Há alguma "coisa" que você precisa confessar e jogar fora? Você está sobrecarregado pela bagunça do pecado acumulado em seu coração? Leve-a ao Senhor. Permita que ele o purifique com a lavagem do seu sangue. Foi para isso que ele veio. O sangue que ele derramou no calvário é a fonte de limpeza, a "faxina de primavera" definitiva. "Venham, vamos refletir juntos", diz o Senhor. "Embora os seus pecados sejam vermelhos como escarlate, eles se tornarão brancos como a neve; embora sejam rubros como púrpura, como a lã se tornarão" (Isaías 1:18).

Minha sogra foi muito generosa ao arregaçar as mangas e enfrentar minha bagunça. Ela limpou a sujeira escondida que havia sido empurrada para os cantos ao longo dos anos. Ela não deixou nenhuma migalha para trás. Ela atacou minha desordem com fervor e amor evidente. Nunca me esquecerei daquele gesto. Embora seja uma lembrança adorável, ele não se compara à obra de limpeza de Cristo em mim. Oro para que você use esses dias para encarar sua bagunça de cabeça erguida, não apenas aquela encontrada no armário do corredor, mas também no armário do seu coração. Abra-o diante do Senhor e convide-o a entrar. "Cria em mim um coração puro, ó Deus, e renova dentro de mim um espírito estável" (Salmo 51:10).

> *Querido Senhor, a fonte purificadora do seu sangue é a faxina de primavera de que mais preciso. Tenho andado muito distraído para lidar com a bagunça do meu armário, mas sei que o Senhor está mais preocupado com a bagunça do meu coração. Purifique-me de toda injustiça (1João 1:9), salve-me de minha impureza (Ezequiel 36:29) e, embora meus pecados sejam escarlates, lave-me de branco como a neve (Isaías 1:18). Eu peço isso no nome purificador de Jesus, amém.*

DIA 10
DISTANCIAMENTO SOCIAL

Assim sendo, aproximemo-nos do trono da graça com toda a confiança, a fim de recebermos misericórdia e encontrarmos graça que nos ajude no momento da necessidade.
— Hebreus 4:16

Na Quarta-feira de Cinzas, em 26 de fevereiro de 2020, saí das redes sociais e silenciei todas as outras notificações *on-line*. Eu estava ansiosa para me afastar das conversas *on-line* e pronta para desfrutar de um tempo sem distrações com minha família. Foi um ano agitado desde meu último jejum de redes sociais. As crianças estavam correndo em várias direções cinco noites por semana, e meu marido e eu quase não tínhamos tempo juntos, apenas nós dois. Embora eu soubesse que deixar meu celular de lado liberaria um pouco de espaço em nossa agenda lotada, eu não tinha ideia de quanto tempo de convivência entre nós estava se aproximando.

Embora eu estivesse ciente do vírus COVID-19 e do que estava acontecendo na China e na Europa (e até tivesse ouvido relatos sobre casos de coronavírus no estado de Washington e em algumas outras cidades dos EUA), não tinha ideia de que meu jejum nas redes sociais se cruzaria com um jejum social global. Em três semanas, fomos orientados a ficar em casa até novo aviso: escolas fecharam, empresas fecharam suas portas e dispensaram seus funcionários, temporadas esportivas foram canceladas, funcionários da cidade enrolaram resmas de fita amarela de "aviso" em torno das estruturas de recreação dos parques, e igrejas fecharam suas portas para os cultos de domingo. Mesmo enquanto escrevo estas palavras, ainda estamos "abrigados em casa". *Distanciamento social* é o termo que está sendo usado atualmente.

As pessoas estão reagindo de diferentes maneiras a esse período de isolamento forçado. Algumas se tornaram paranoicas, acumulando papel higiênico e produtos enlatados, com medo de que os recursos acabem. Outras estão com raiva dos políticos por não nos prepararem melhor para uma possível pandemia. Com a economia em uma situação frágil, muitas estão assustadas com sua segurança financeira. Os pais e os diretores de escolas estão se esforçando para ajudar as crianças a terem aulas *on-line*. E todos nós estamos usando máscaras e desinfetante para as mãos quando corremos para os estabelecimentos.

Fomos orientados a não sair de casa, a menos que precisemos de algo "essencial". Farmácias, postos de gasolina e mercearias estão abertos, mas é só isso. Todo o resto é considerado não essencial — inclusive sair com os amigos. Enquanto alguns introvertidos em todo o mundo nunca foram tão felizes, os extrovertidos altamente sociáveis têm enfrentado dificuldades. Isso me faz pensar em como você está se saindo nos primeiros dias desse jejum de socialização (virtual). Se estiver com dificuldades, sentindo-se fora de contato ou sentindo falta do toque virtual dos amigos, você apreciará o versículo de hoje tanto quanto eu apreciei quando me deparei com ele exatamente dez dias após meu próprio confinamento literal. Senti como se Deus estivesse me dizendo: "Mais perto. Chegue mais perto. Aproxime-se de mim e receba o que estou pronto para lhe dar".

Embora possamos ter sido forçados ao distanciamento social durante a pandemia do COVID-19, escolhemos intencionalmente nos distanciar de nossos relacionamentos *on-line* durante esses quarenta dias. Independentemente de como nos encontramos em épocas de solidão, acredito que esses são os momentos perfeitos para nos aproximarmos de Deus como nunca. Ele usa nossa solidão para tocar nosso coração, chamar nossa atenção e nos convidar a buscar sua companhia.

Você sabe como fazer isso? Buscá-lo e encontrá-lo (Jeremias 29:13)? Aproximar-se dele e permitir que ele se aproxime de você (Tiago 4:8)? Você entende o que significa "caminhar até Deus"? Ou você acha que tudo isso é algum tipo de metáfora poética? Não há melhor momento para se dedicar a descobrir e a encontrar Deus do que nesses dias solitários. Você está sob um bloqueio de mídia social durante esse jejum, portanto, comprometa-se a desvendar esse mistério! Não se deixe levar pelos movimentos de uma desintoxicação digital e acabar perdendo a proximidade daquele que você quer encontrar por meio do jejum. Se você quiser aprender a se aproximar de Deus, comece considerando o quanto ele já está próximo.

O salmo 139 comunica o quanto ele sempre esteve e sempre estará "conosco":

> Pois você criou meu ser mais íntimo; você me uniu no ventre de minha mãe. Eu o louvo porque fui feito de maneira admirável e maravilhosa. Seus trabalhos são maravilhosos. Eu sei muito bem disso. Minha estrutura não foi escondida de você quando fui criado no lugar secreto, quando eu era tecido nas profundezas da terra. Seus olhos viram meu corpo não formado. Todos os dias ordenados para mim foram escritos em seu livro antes que um eles se tornasse realidade. Como seus pensamentos são preciosos para mim, Deus! Quão grande é a soma deles! Se eu tivesse que contá-los, eles superariam em número os grãos de areia. Quando eu acordar, ainda estarei com vocês. (vv. 13-18)

Deus não só estava com você quando sua vida foi costurada, como também está presente desde então. Mesmo agora, ele ainda está com você. Portanto, entrar em sua presença não se trata tanto de caminhar até ele quanto de despertar para ele. "Quando eu acordar, ainda estarei com você" (v. 18). Você tem dormido em sua presença? Será que agora é o momento de finalmente acordar para a realidade de sua proximidade? Ou talvez desperte novamente depois de ter sido ninado para dormir por uma existência sedentária em frente às telas? Acorde e encontre-o bem ali com você. Na ausência de todos os outros, ele está lá.

Durante o início da pandemia do COVID-19, fomos orientados a ficar a 2 metros de distância uns dos outros, mas nada nos impede de caminhar até aquele que caminha até nós. Enquanto nos mantemos afastados uns dos outros em um esforço para "achatar a curva" do vírus, o príncipe da paz está bem ali conosco, tocando o sino como se quisesse nos despertar de nosso sono. Este período de distanciamento social (mídia) pode ser o despertar que ele está causando em sua vida. Você silenciou as notificações do seu celular. Consegue ouvi-lo chamando por você agora? *Acorde. Olhe para cima e se aproxime de mim. Estou bem aqui, mais perto do que nunca.*

> *Mais perto do que perto, Senhor dos senhores, obrigado por essa temporada de distanciamento social (virtual) para que eu possa finalmente me socializar com o Senhor. O Senhor esteve aqui o tempo todo. Agora que não me distraio com a presença de todos os outros, estou me dedicando inteiramente à sua. Estou desperto para sua proximidade! No nome de Jesus, elevado, próximo e pessoal, sempre presente, amém.*

DIA 11
TIRE SEU CELULAR DO TRONO DELE

"Aqueles que acreditam em ídolos inúteis
desprezam a misericórdia."
— Jonas 2:8

Há onze dias, você fez uma pausa quando se afastou das constantes conversas *on-line*. *Selá* é uma palavra hebraica, frequentemente usada em poesia, que nos convida a fazer uma pausa quando estamos lendo a Bíblia. Ela pode ser traduzida como um enfático "Amém!", mas muitas vezes é interpretada como "Uau, me dê um minuto para pensar sobre isso".

Embora *Selá* seja usada 71 vezes nos salmos, eu acrescentaria um *Selá* depois de Jonas 2:8: "Aqueles que acreditam em ídolos inúteis desprezam a misericórdia". No silêncio de uma pausa de *Selá*, considere a quê você mais recorre. Aquilo para o qual você se volta com mais frequência é geralmente o que o afasta de Deus. *Selá*.

Os autores Ruth Chou Simons e Troy Simons escreveram: "O que faz seu coração bater rapidamente determinará o motivo pelo qual seu coração bate. Cuidado com o que você ama".[1] Se algo que não seja Deus acelera seu coração mais do que o amor dele, tome nota. Aquilo que faz seu coração bater mais rapidamente pode, na verdade, ser aquilo de que você precisa para jejuar. Embora não sejamos uma cultura que adora ídolos esculpidos em madeira, muitos de nós criamos ídolos em nossos dispositivos digitais. Durante esse jejum de quarenta dias, estamos deixando de lado nossos celulares, afastando-nos fisicamente da distração separatista da mídia social e daqueles de quem gostamos, em um esforço para voltar nossa atenção para aquele que amamos. Se você fez a escolha subconsciente de se afastar do amor de Deus ao longo dos anos, pode fazer uma escolha consciente de voltar a ele agora.

Na época em que meu celular não era mais inteligente do que eu, eu tinha uma conhecida que possuía um *iPhone* de primeira geração. Embora eu já tivesse ouvido falar de *smartphones*, nunca tinha visto um ou entendido o que os tornava tão inteligentes. Essa mulher não só me mostrou as maravilhas de seu dispositivo, como também me lembro vividamente da maneira como ela se referia a ele como seu namorado, em tom de brincadeira. Seu marido ria da maneira adúltera com que ela se apegava ao aparelho, sempre dividindo seu tempo e atenção entre seus dois amores. Embora meu celular na época fosse um *"flip phone"*, eu não estava alternando entre minha família e o resto do mundo. Eu não era distraída na época, mas agora sou. A maioria de nós está assim. É por isso que estou fazendo a pergunta: "O que atrai sua atenção?". Aquilo que atrai sua atenção repartirá seu afeto.

Como a idolatria é um problema antigo que ainda nos aflige, devemos considerar o que mais está sentado no trono de nossa vida. É Deus ou algum outro "deus" que nos domina como nós o dominamos? Dois soberanos não podem compartilhar o mesmo trono. "Ninguém pode servir a dois senhores; pois odiará a um e amará o outro, ou se dedicará a um e desprezará o outro. Vocês não podem servir a Deus e ao dinheiro." (Mateus 6:24).

Para o que você se volta mais do que tudo? Como você se volta para aquilo que ama, então aquilo que você mais enfrenta é certamente aquilo que mais ama. Eventualmente, a coisa que você mais enfrenta (e ama em igual medida) governará sua vida.

Então, o que você mais enfrenta? Diga. Diga tudo. Escreva na margem deste livro ou nas páginas de um diário. Talvez seu ídolo não tenha nada a ver com a mídia social. Talvez sejam os petiscos constantes e as taças de vinho à noite. Talvez seja seu próprio conforto ou a afirmação do mundo. Talvez malhar e experimentar uma dieta e um plano nutricional após o outro sejam a maior parte de sua atenção. Se a ideia de deixar de fazer algo em particular por quarenta dias lhe causa estresse imediato, é provável que você tenha encontrado um falso deus disputando espaço no trono do seu coração.

Lembro-me de Isaías 44:13-20, uma passagem que descreve um carpinteiro que faz e que se curva diante de falsos ídolos. Ele corta uma árvore e usa metade dela para fazer uma fogueira para se aquecer e cozinhar uma refeição. Com a outra metade, ele cria um ídolo, ao qual ele ora: "Salva-me; tu és meu deus!" (v. 17). Sobre esse homem, Isaías diz: "Ele se alimenta de cinzas, um coração iludido o desvia; ele é incapaz de salvar a si mesmo ou de dizer: 'Esta coisa na minha mão direita não é uma mentira?'" (v. 20). Aqui está nossa conclusão: Deus criou a madeira para ser útil, mas ela é inútil como um deus. É uma mentira se pensarmos o contrário.

Não podemos dizer isso sobre tudo e qualquer coisa a que nos apegamos? A comida é útil, mas é inútil como um deus. O dinheiro é útil, mas é inútil se dependermos dele como nosso deus. Os celulares são úteis para nos mantermos conectados no trabalho, mas não podem fazer o trabalho em termos de nossa salvação. Os celulares são inúteis para nos salvar e nos proporcionar amor incondicional e vida eterna. Somente Deus pode fazer essas coisas. Pensar o contrário é acreditar em uma mentira.

É bom deixar de lado as coisas úteis por um tempo para lembrar que elas são simplesmente coisas para serem usadas. Até mesmo as coisas mais úteis passam de úteis a inúteis no momento em que nos apegamos a elas mais do que deveríamos. Há apenas um Deus, e ele não compartilha seu trono com ninguém. Seu celular está no trono dele?

Diga o nome das coisas que ainda o estão distraindo de uma vida dedicada e, em seguida, deixe-as de lado. Afaste-se delas e volte para ele. Reserve algum tempo para ler Isaías 44 em sua totalidade hoje. Observe como Deus está nos chamando de volta para si mesmo com estas palavras: "Lembre-se disso, ó Jacó, pois você é meu servo, ó Israel. Eu o fiz, você é meu servo; ó Israel, eu não o esquecerei. Como se fossem uma nuvem, varri para longe suas ofensas; como se fossem a neblina da manhã, seus pecados. Volte para mim, pois eu o resgatei" (v. 21-22).

Que convite! Somente Deus proporciona vida abundante (aqui e agora) e vida eterna. Somente Deus pode nos redimir. Gratuito. Sem taxas mensais. Não há necessidade de redefinir sua senha. A única senha que você precisa ter com ele é "sim e amém". Nada mais.

"Voltem para mim, pois eu os redimi." *Selá*.

> *Querido Senhor, sinto muito por ter desviado meu rosto do seu amor. Não quero mais meu celular em seu trono. Não quero que nada mais ocupe seu lugar de direito. Obrigado, Senhor, pela maneira generosa com que me recebe de volta cada vez que me viro e volto. No único nome útil no céu e na terra, o único nome que pode salvar: Jesus. Amém.*

DIA 12
"TECH-NECK"

> Abram-se, ó portais; abram-se, ó portas
> antigas, para que o Rei da glória entre.
> Quem é o Rei da glória? O Senhor forte e
> valente, o Senhor valente nas guerras.
> Abram-se, ó portais; abram-se, ó portas
> antigas, para que o Rei da glória entre.
> Quem é esse Rei da glória? O Senhor dos
> Exércitos; ele é o Rei da glória! Pausa
> — Salmo 24:7-10

Quando cheguei ao portão da frente da escola, buzinei. Dezenas de alunos olharam para seus celulares. Meu filho era um deles. Eu poderia ter mandado uma mensagem de texto, do tipo "Olhe para cima!", mas estava me sentindo mal-humorada, então dei um rápido toque na buzina. Um pouco envergonhado, ele balançou a cabeça para mim, pendurou a mochila em um ombro e o equipamento de lacrosse no outro e veio até o carro.

Por uma fração de segundo, preocupei-me com o pescoço do meu filho e me perguntei o que o peso dos livros e das bolsas estaria fazendo com sua coluna vertebral ainda em desenvolvimento. Eu não conseguia imaginar que essa carga fosse boa para ele. No entanto, enquanto o observava caminhando em minha direção com a cabeça baixa, enviando mais uma mensagem de texto antes de entrar no carro, pensei: *Quais efeitos de longo prazo essa geração sofrerá por passar tantas horas nessa posição de cabeça baixa, todos os dias?* Desde então, descobri que os médicos estão se perguntando a mesma coisa. Recentemente, os pesquisadores rotularam a condição de dor no pescoço associada ao uso de dispositivos como "*text-neck*" ou "*tech-neck*".

Uma cabeça comum pesa de 3 a 4 kg e é intencionalmente projetada para ficar perfeitamente equilibrada sobre a coluna cervical. Os músculos, os tendões e os ligamentos do pescoço trabalham juntos para manter a cabeça ereta, em uma posição neutra. Infelizmente, quando enviamos mensagens de texto, jogamos *videogame*, navegamos pelo *Instagram* ou verificamos nosso *e-mail*, abaixamos a cabeça, curvamos os ombros e projetamos o queixo para fora, colocando tensão no pescoço e nas costas.[1]

Horas por dia são gastas dessa forma. É por isso que me pergunto quais serão os efeitos físicos a longo prazo. Mais do que isso, porém, estou preocupada com o que isso fará conosco espiritualmente. Curvar-se por horas diante de nossos celulares pode causar mais dor no coração do que dores no pescoço. Ontem identificamos alguns de nossos falsos ídolos. Dissemos não à mentira em nossas mãos e erguemos o olhar para o Deus único e verdadeiro. Não basta largar nossos semideuses digitais — precisamos também olhar para cima a fim de vê-lo. Esse tem sido o tema recorrente desses primeiros dias de nosso jejum. "Levanto meus olhos para as montanhas. De onde vem minha ajuda? Minha ajuda vem do Senhor, o criador dos céus e da terra." (Salmo 121:1-2)

Não queremos perder a força de Deus ou sua ajuda, mas, acima de tudo, não queremos perdê-lo! O relacionamento com ele está disponível para nós quando estamos atentos. No entanto, quando ficamos sentados com a cabeça baixa por muito tempo, é possível voltar a dormir literal e figurativamente — física e espiritualmente! Mas lembre-se de nossa lição de dois dias atrás: Deus está nos chamando para caminhar até ele, acordar para ele e permanecer acordados para ele.

Gosto muito de como a Nova Versão Internacional interpreta o Salmo 24:7-10:

> Abram-se, ó portais; abram-se, ó portas antigas, para que o Rei da glória entre. Quem é o Rei da glória? O Senhor forte e valente, o Senhor valente nas guerras. Abram-se, ó portais; abram-se, ó portas antigas, para que o Rei da glória entre. Quem é esse Rei da glória? O Senhor dos Exércitos; ele é o Rei da glória! Pausa.

Vamos levantar nossas cabeças, nossas cabeças sonolentas. Como é impressionante que o Deus dos exércitos de anjos queira entrar em nossos reinos pessoais e trazer seu reino à vida em nós! É por isso que nos é dito para levantar a cabeça, ó portas! (v. 7). Uma porta é a entrada para o reino, a cidade, o lar, o lugar mais íntimo onde se vive. Já ouvi dizer que "os olhos são as janelas da alma", mas creio que a Bíblia está nos dizendo que nossos olhos não são janelas, mas portas. Deus não está jogando timidamente pedrinhas em nossas janelas. Ele não é sorrateiro assim. Ele sempre se preocupou em entrar pelas portas de nossas vidas.

Em Mateus 24, Jesus incentivou seus seguidores a manterem os olhos abertos, prontos para seu retorno. Ele disse que o tempo de seu retorno estava "bem próximo" (v. 33). Ah, sim, vamos manter nossas portas bem abertas, prontos e esperando para recebê-lo!

Dito isso, sei que todos nós o veremos quando ele voltar, com os olhos erguidos ou não. Jesus disse: "Porque assim como o relâmpago sai do Oriente e se mostra no Ocidente, assim será a vinda do filho do homem" (Mateus 24:27). Embora eu acredite que ele queira nossos olhos nos céus, antecipando seu retorno, vivendo como se ele pudesse estar vindo hoje, até mesmo aqueles que estão dormindo rapidamente o verão descer com um grito. Naquele momento, todos nós vamos nos curvar. Não vamos baixar a cabeça por causa dos celulares, mas vamos nos ajoelhar. Todos os joelhos se dobrarão diante dele: os que foram encontrados prontos e esperando e os que estavam sonâmbulos durante seus dias, despreparados.

Embora eu esteja tentando defender que larguemos nossos celulares e que levantemos os olhos em antecipação, é possível que Deus use esta era digital para cumprir essa profecia. Talvez a vinda de Jesus seja grande o suficiente para que todos vejam ao mesmo tempo, ou talvez todos nós possamos testemunhar a segunda vinda por meio de transmissão ao vivo! Imagino que Jesus será maior do que a vida, com os pés firmemente plantados no Monte das Oliveiras, mas talvez possamos ver isso pelo *Facebook Live*! Não sei como será seu retorno, mas sei que acontecerá.

Enquanto isso, vamos levantar nossos "portões" para dar as boas-vindas ao seu reino em nossos próprios pequenos reinos. Em termos práticos, é isso que estamos fazendo nesses quarenta dias. Estamos nos levantando com os olhos abertos, e o coração também. Cristo está voltando para buscar sua Igreja. Não sejamos encontrados dormindo sobre nossas mesas ou *tablets*. Levantem a cabeça e levantem os olhos!

Hoje deixe-me desafiá-lo a ativar os "músculos da alma" e a se levantar mais alto do que em anos anteriores. Imagine um balão amarrado no topo de sua cabeça. Deixe sua cabeça flutuar para cima, alongando e sarando sua *"tech-neck"*. Endireite os ombros para trás e respire fundo. Seu corpo está alinhado agora, mas também queremos estar espiritualmente alinhados. Abra seus olhos espirituais e levante-os para as montanhas. E quando abaixar a cabeça, certifique-se de que é porque está orando.

Querido Senhor, não quero abaixar a cabeça, baixar os olhos e perder seu poder ou sua presença em minha vida. É do Senhor que vêm minha ajuda e minha esperança. O Senhor está me convidando, como convidou a todos ao longo dos séculos, a abrir meu coração para o Senhor agora. Obrigado pela maneira como o Senhor continua a me perseguir e deseja habitar em mim e me transformar radicalmente.
Eu o amo, Deus dos exércitos de anjos! Amém.

DIA 13
PEPITAS DE OURO

A lei do Senhor é perfeita, e revigora a alma. Os testemunhos do Senhor são dignos de confiança, e tornam sábios os inexperientes. Os preceitos do Senhor são justos, e dão alegria ao coração. Os mandamentos do Senhor são límpidos, e trazem luz aos olhos. O temor do Senhor é puro, e dura para sempre. As ordenanças do Senhor são verdadeiras, são todas elas justas. São mais desejáveis do que o ouro, do que muito ouro puro; são mais doces do que o mel, do que as gotas do favo.
— Salmo 19:7-10

Meu filho mais novo aprendeu uma habilidade maravilhosa com sua professora da segunda série, a Sra. Carney. Essa doce mulher disse a Asher que, quando ele está lendo a Bíblia, está na verdade garimpando ouro. Ouro puro. Ela colocou um marcador dourado em sua mão e disse a ele para encontrar as pepitas de ouro que Deus quer que ele aplique em sua vida, versículos que falam ao seu coração e que parecem mais importantes para ele.

Ao longo de sua jovem vida, Asher me viu fazer o mesmo: interagir com Deus em sua Palavra, pegando meu marcador, sublinhando as Escrituras, escrevendo nas margens ou deixando a data e uma oração ao lado de uma passagem significativa, que ressoe de alguma forma nova. No final daquele ano letivo, meu filho pegou todo o dinheiro que havia economizado e comprou uma Bíblia para registro em diário igual à minha — uma com margens largas para escrever essas pepitas de ouro com suas próprias palavras. Cinco anos depois, ele ainda está trabalhando nela, com um marcador de texto dourado na mão.

No último fim de semana, ele entrou no meu quarto e me encontrou na cama, fazendo isso novamente. Meus joelhos estavam levantados, com a Bíblia apoiada neles. Uma caneta e um marcador de texto estavam em meu colo. Ele se sentou ao meu lado e disse: "Eu também li minha Bíblia hoje de manhã".

Olhando para meu filho de onze anos, sorri e perguntei: "Alguma pepita de ouro?".

Asher demorou um pouco para se lembrar e depois disse: "Não sei se vou citá-la corretamente, mas é sobre não se envergonhar de Deus ou do evangelho". Virei algumas páginas e encontrei o versículo a que ele estava se referindo, no capítulo inicial de Romanos. Quando apontei para a passagem, ele viu que eu mesma a havia destacado em um determinado momento. Em outro dia, eu também a havia sublinhado. E então, com uma caneta diferente — o que me fez pensar que devo tê-la escrito uma terceira vez na mesma passagem —, acrescentei uma oração, pedindo ao Senhor mais coragem. Asher leu minha oração e acenou com a cabeça em sinal de amém, depois leu o versículo em voz alta: "Não me envergonho do evangelho, porque é o poder de Deus para a salvação de todo aquele que crê: primeiro do judeu, depois do grego" (Romanos 1:16).

Meu filho sorriu mais uma vez, beijou meu rosto com seus lábios finos e me deixou sozinha para garimpar mais ouro. Voltei-me para o salmo 19 e li: "O temor do Senhor é puro, e dura para sempre. As ordenanças do Senhor são verdadeiras, são todas elas justas. São mais desejáveis do que o ouro, do que muito ouro puro; são mais doces do que o mel, do que as gotas do favo" (v. 9-10).

Em seguida, peguei a Bíblia (Nova Versão Internacional) em meu criado-mudo e abri o salmo 119. Embora eu não leia essa versão em particular tanto quanto leio outras, manchas cintilantes de ouro se acenderam em suas páginas. Eu já havia estado aqui antes e estava de volta, procurando por mais tesouros. Eu o encontrei no versículo 72: "Para mim, vale mais a lei que decretaste do que milhares de peças de prata e ouro".

Às vezes, fico em maus lençóis com as redes sociais, percorrendo habitualmente as mesmas postagens que vi 23 minutos antes — como se eu fosse "ficar rica" e descobrir algo novo, algo de valor que não vi na última vez que deslizei o mesmo *feed*. No entanto, quando largo o celular e pego minha Bíblia, descubro novamente que a Palavra de Deus está sempre atualizada. Sempre há algo novo para mim quando estou cansada e carente, ou simplesmente entediada.

Embora as palavras sejam as mesmas, novas revelações surgem do texto antigo cada vez que o abro. Ouro puro. Sublinho na primeira vez, sublinho na próxima, circulo uma palavra e anoto a definição da tradução grega quando estou sentada na igreja e, às vezes, rabisco uma oração na margem junto à data. Não importa quantas vezes eu reveja os mesmos versículos, eles são sempre de ouro 24 quilates. E esse metal precioso pode ser passado para as gerações futuras! Diferentemente das horas passadas no *Snapchat* ou assistindo à HGTV, o tempo passado com o Senhor em sua mina de ouro produz um retorno que pode ser transmitido como herança a nossos filhos e filhas e aos filhos e filhas deles por mil gerações!

O pai de minha mãe era um ministro batista no Meio-Oeste americano. Durante a semana, ele garimpava ouro — como os ministros do evangelho costumam fazer —para que, no domingo de manhã, pudesse subir ao púlpito, abrir as Escrituras e compartilhar a riqueza que havia descoberto. Embora ele tenha morrido pouco antes de eu completar dois anos, gosto de pensar que ele me transmitiu seu amor por descobrir e compartilhar as riquezas da Palavra de Deus. Providencialmente, meu avô usou parte de suas economias para comprar uma moeda de ouro de 13 gramas para comemorar meu nascimento. Como essa moeda é significativa para mim hoje!

Qual é o tesouro pelo qual você passa o dia cavando e vivendo? Você volta de novo e de novo à atual, preciosa, relevante e aplicável Palavra de Deus? Ou volta sem pensar e retorna aos mesmos velhos *feeds* de mídia social e jogos *on-line*? Você olha incessantemente para sua conta no *LinkedIn*, ansioso para ver se alguém novo o procurou, ou algo que você procura?

Há momentos em que a mídia social me leva à Palavra de Deus. Com certeza! E, sinceramente, esse é o motivo de minhas postagens na maioria das vezes. Embora às vezes eu compartilhe fotos de família, meu principal desejo é usar as redes sociais como um púlpito virtual, a partir do qual eu possa compartilhar o ouro que encontrei e ensinar outras pessoas a se aprofundarem na Palavra de Deus por si mesmas.

A mídia social, no entanto, não é a mina de ouro. Não é a ela que recorremos para obter nossas riquezas. É simplesmente uma vitrine, em que todos nós podemos compartilhar o que extraímos naquele dia (seja do mundo ou da Palavra). Se você segue pessoas sábias que amam bem a Deus e aos outros, provavelmente será incentivado por elas. Se você segue amigos que adoram fazer caminhadas e sempre têm uma câmera pendurada no ombro, o *feed* deles pode parecer o da *National Geographic*. De qualquer forma, você não precisa rolar a mesma postagem 23 vezes. A Palavra de Deus, no entanto, deve nos chamar de volta várias vezes! Há mais a ser descoberto, primeiro com o marcador e depois com a caneta, deixando anotações para que você leia novamente na próxima vez que ler a mesma passagem.

Quantas vezes você abre vários aplicativos por dia em busca de algo novo? Talvez você esteja procurando as riquezas erradas na mina errada. Ou talvez você valorize demais a conexão com outras pessoas. Peça ao Senhor que fale com você sobre o que está procurando e sobre onde poderá encontrar o tesouro de que mais precisa.

A Palavra de Deus é mais preciosa do que o ouro. Recorra a ela repetidamente. Encontre e aplique essas pepitas de ouro em sua própria vida, antes de mais nada. E então, talvez, você possa compartilhá-las com seus amigos *on-line*.

> *Oh, Senhor, sua Palavra é ouro puro. Sempre foi e sempre será. Cada vez que a abro, descubro que ela é tão boa, se não melhor, do que era na vez anterior. Perdoe-me por abrir meu laptop e meus aplicativos de celular mais do que abro sua Palavra. Preciso mais de sua sabedoria do que das fotos e postagens do mundo. Sem distrações, estou ansioso para crescer em devoção agora. Obrigado por me chamar de volta à mina profunda e rica de sua comunicação amorosa!*
>
> *No precioso e dourado nome de Jesus, amém.*

Leia sua Bíblia

Adoro guiá-lo por um ou dois versículos a cada dia, mas espero que você realmente abra a Bíblia e se aprofunde nela por si mesmo. Esses capítulos curtos foram feitos para abrir seu apetite, não para satisfazer sua fome. Você está abrindo sua Bíblia durante esses dias de jejum? Limitar ou eliminar a mídia social pode ajudar, mas o objetivo final não é menos mídia social, mas mais tempo gasto socializando com Jesus. Socialize com Jesus ao se encontrar com ele em sua Palavra.

A autora Alisha Illian resumiu da seguinte forma: "Leia sua Bíblia. Você pode comer todas as couves, comprar todas as coisas, levantar todos os pesos, fazer todas as viagens, jogar no lixo tudo o que não lhe dá alegria, lavar o rosto e se esforçar como um louco, mas, se não descansar sua alma em Jesus, nunca encontrará sua paz e seu propósito".[1]

Abra sua Bíblia hoje, procure os versículos de hoje, leia-os no contexto e encontre essa paz e esse propósito para si mesmo.

DIA 14

PARE DE ROLAR A TELA. COMECE A PASSEAR

Ele mostrou a você, ó homem, o que é bom e o que
o Senhor exige: pratique a justiça, ame a fidelidade
e ande humildemente com o seu Deus.
— Miquéias 6:8

Na primeira vez que me afastei das redes sociais, perdi mais peso do que o normal durante o jejum de açúcar. Fiquei chocada, mas quanto mais eu pensava sobre isso, mais sentido fazia. Afinal de contas, eu não estava sentada por horas a fio. Eu estava de pé e me movimentando. Quando eu me movia, meu coração já estava bombeando, o sangue já estava fluindo mesmo quando eu não estava me movendo, e meu corpo estava queimando gordura. Meu metabolismo acordou, e minhas emoções também. Fisicamente, eu me sentia bem, mas emocionalmente eu me sentia ainda melhor, porque meu corpo estava produzindo endorfinas. Sentada no sofá, debruçada sobre meu celular, eu dependia dos comentários para me sentir bem. Descobri, entretanto, que me movimentar faz com que eu me sinta melhor. Passear faz com que eu me sinta melhor do que ficar deslizando o dedo no celular.

Sempre soube que o movimento é crucial para nossa saúde física, mental e emocional, mas não sabia o quanto era bom para mim espiritualmente, até jejuar das redes sociais. Talvez isso tenha algo a ver com o fato de que não podemos soletrar "movimento" sem essas duas palavras:

"Mova-me"*. O movimento é como uma oração física, convidando o Senhor a nos mover por dentro.

Há épocas em minha vida em que fico em lugares não saudáveis e sedentários, tanto física, quanto espiritualmente. Fico presa e preciso que Deus me tire dessa vida estagnada. Embora o jejum me faça cair de joelhos, em pouco tempo o Espírito Santo me levanta e me põe de pé e em movimento. Toda vez que jejuo do meu celular, sinto essa elevação santa seguida do empurrão do Espírito.

A primeira vez que jejuei das redes sociais, notei que, em vez de rolar a tela, comecei a passear — e não apenas a caminhar, mas a caminhar com Deus. Em vez de ficar sentada por horas conversando no *Snapchat* com amigos, comecei a caminhar e a conversar com ele. Ele se tornou meu companheiro de caminhada de uma forma que eu não experimentava há muito tempo. Enquanto caminhávamos e conversávamos, percebi que estávamos estreitando nossa amizade — uma amizade na qual eu queria investir, mas para a qual sempre estava muito ocupada ou cansada demais. O jejum liberou o tempo e a energia de que eu precisava para me movimentar e, à medida que meu corpo se fortalecia, minha amizade com Deus também se fortalecia.

Enquanto nos preparávamos para lançar este livro, a editora me enviou uma possível capa. Ela era absolutamente linda! Uma linda cadeira estofada em tecido verde, bordado com enormes flores cor-de-rosa, estava ao lado de uma pilha de livros antigos, com uma xícara de chá fumegante equilibrada em cima. A cena toda era adorável e convidativa. Eu queria me sentar e ficar à vontade, mas algo na capa estava errado. Percebi qual era o problema: aquela cena serena não contava a história dos meus dias

---

* Em inglês, o substantivo "movement" pode ser dividido de forma a gerar a oração "Move me" (Mova-me). (N. T.)

de jejum. Quando jejuo das redes sociais, não me sento com Deus apenas por alguns momentos tranquilos pela manhã; passo o dia todo com ele, em movimento.

Em vez disso, sugeri a imagem de uma mulher totalmente acordada e ansiosa para o dia seguinte. Eu queria que suas mãos e seu corpo (talvez até mesmo a inclinação de sua cabeça) gritassem: "Estou pronta, Deus! Não quero perder um momento sequer do que o Senhor planejou para mim hoje".

Já se passaram duas semanas de seu jejum. Espero que esteja acordando com mais energia e expectativa a cada dia que passa, com os braços bem abertos, com a cabeça erguida e ansiosa pelo dia e pelo criador do dia. Use suas mãos vazias para aproveitar mais do que alguns momentos com ele; passe o dia inteiro ao lado dele.

O que acha disso? Não passe apenas um pouco de tempo com Jesus hoje; passe o dia de hoje com Jesus! Você tem tempo e energia para fazer isso agora. Faça uma caminhada literal com ele. Lembro-me da letra da antiga canção sacra "In the Garden":

> *Venho sozinho para o jardim,*
> *Enquanto o orvalho ainda está nas rosas,*
> *E a voz que ouço cai em meu ouvido.*
> *O filho de Deus revela.*
> *E ele caminha comigo,*
> *E ele conversa comigo,*
> *E ele me diz que sou dele;*
> *E a alegria que compartilhamos ao permanecermos lá,*
> *Nenhum outro jamais soube.*[1]

Oh, ouvir a voz de nosso salvador nos chamando para uma caminhada, para que ele possa conversar conosco como se fosse um amigo. Esse foi o caso de Enoque.

A Bíblia nos diz que Enoque viveu em estreita companhia com Deus. Ele não apenas desfrutou da comunhão de Deus por mais de trezentos anos, mas a Bíblia parece dizer que Enoque realmente entrou em uma comunhão eterna com Deus no final de sua vida na Terra. Não há menção à sua morte. Veja por si mesmo em Gênesis 5:23-24: "Viveu ao todo 365 anos. Enoque andou com Deus; e já não foi encontrado, pois Deus o havia arrebatado".

Adoro a ideia de Enoque dando um passo contínuo para o reino eterno daquele com quem ele andou na Terra, e acredito que essa mesma amizade eterna está disponível para todos nós. Embora nosso tempo na Terra termine, nosso tempo com Deus continuará. Somos seres espirituais envoltos em carne. Quando essa carne se desgasta, nosso espírito está apenas começando. Como Enoque, podemos andar com Deus durante nossa vida aqui e, um dia, poderemos nos encontrar andando com ele em seu reino celestial. Incrível! Sua presença em nossa vida nunca perde o ritmo nem dá um passo. Sua proximidade nunca diminui; sua companhia nunca termina. O relacionamento que começamos aqui continua lá.

Embora eu tenha adorado a imagem da capa daquele primeiro livro em potencial, um curto período sentada em uma cadeira com Deus não é do que eu mais preciso. Tenho de aprender a permanecer com ele o dia todo, porque nossa comunhão interminável nunca cessará. A tradução de 1Tessalonicenses 5:17, da Nova Versão Internacional da Bíblia, diz-nos para orar sem cessar. Para isso, temos de ficar perto de Deus — independentemente do que estivermos fazendo ou para onde estivermos indo. A oração incessante não exige que paremos de andar, mas que aprendamos a falar enquanto andamos.

Deus nos disse claramente que deseja que andemos com ele: "Ele mostrou a você, ó homem, o que é bom e o que o Senhor exige: pratique a justiça, ame a fidelidade e ande humildemente com o seu Deus" (Miquéias 6:8). É claro que é difícil andar humildemente com Deus se você não estiver andando com ele. E é impossível caminhar quando você está sempre deslizando a tela. Já que você fez uma pausa na rolagem com os polegares, agora é hora de começar a mexer os pés.

Amós 3:3 pergunta: "Duas pessoas andarão juntas se não estiverem de acordo?". Deus, por meio da presença do Espírito Santo, está ansioso para que você se junte a ele hoje. Você não aceita encontrá-lo? Não dê a Deus apenas alguns minutos pela manhã; dê a ele todo o seu dia. Pratique a presença de Deus continuamente, porque a amizade com Deus é contínua. Um dia, daremos nosso último passo aqui e começaremos nossa aventura com ele lá. É por isso que precisamos passar mais tempo passeando do que rolando a tela!

> *Querido Senhor, obrigado por me convidar a passar um tempo com o Senhor hoje. Não apenas um pouco de tempo, mas todo o meu tempo. Não importa o que eu esteja fazendo ou para onde eu vá, o Senhor está comigo. Eu escolho andar com o Senhor e falar com o Senhor, agora e sempre. No nome energizante de Jesus, amém.*

DIA 15

ENCHA MEU COPO, SENHOR

> Então Jesus disse aos seus discípulos: "Se alguém quiser acompanhar-me, negue-se a si mesmo, tome a sua cruz e siga-me".
> — Mateus 16:24

Tenho uma lembrança antiga de minha mãe sentada ao piano em nossa sala de estar, cantando os hinos que cantava quando criança. Ela os conhecia de cor, e agora eu também os conheço. O primeiro verso de "Fill My Cup, Lord" está gravado em minha memória: "Eu estava procurando por coisas que não podiam satisfazer... Ouvi meu salvador falar: 'Tire do meu poço, que nunca secará'".[1]

Sou muito grata pelo fato de a letra dessa música ter permanecido em meu coração durante todos esses anos, mas sou ainda mais grata pela história bíblica que inspirou sua letra. Em João 4, Jesus encontra uma mulher samaritana, que foi ao poço da comunidade para tirar água no meio do dia. Certamente, ninguém mais estaria lá, já que todas as outras mulheres tinha ido buscar a água do dia muito antes de o Sol já estar alto no céu. Essa mulher, entretanto, ia quando tinha certeza de que estaria sozinha. Ela havia morado com vários homens ao longo de sua vida e tinha uma reputação ruim, por isso andava às escondidas, envergonhada, evitando as outras mulheres da cidade. Mas quando ela chegou ao poço naquele dia, descobriu que não estava sozinha. Jesus estava lá.

Adoro o pequeno detalhe nessa história que nos diz que Jesus havia enviado seus discípulos à cidade para comprar comida. Sabemos, por outras histórias, que Jesus poderia ter alimentado seus seguidores de alguma forma milagrosa, transformando pedras em pão, mas dessa vez ele não o fez. Embora os discípulos estivessem fisicamente famintos, Jesus sabia que essa mulher tinha uma profunda fome espiritual, que a comida ou a bebida normal jamais poderiam satisfazer. Por isso, mandou os discípulos embora, sabendo que ela poderia não se abrir com ele se houvesse uma multidão de homens por perto. Jesus não queria que nada nem ninguém a distraísse da devoção que estava prestes a inundar seu coração.

Ele pediu a essa mulher sem nome que lhe desse um gole de água do poço. Surpresa com o fato de um homem judeu se dirigir a uma mulher samaritana, ela perguntou por que ele estava falando com ela. Jesus lhe disse que, se ela soubesse quem ele era, estaria pedindo-lhe uma bebida, e ele lhe daria água viva, uma bebida que a deixaria plenamente satisfeita, finalmente.

Confusa diante de uma ideia tão ridícula, a mulher perguntou: "Como você tiraria água sem nem mesmo um balde?". Gentil e pacientemente, Jesus respondeu: "Quem beber desta água terá sede outra vez, mas quem beber da água que eu lhe der nunca mais terá sede. Pelo contrário, a água que eu lhe der se tornará nele uma fonte de água a jorrar para a vida eterna" (João 4:13-14).

Imediatamente, a mulher implorou por essa bebida. Se ela pudesse ter um pouco de água eternamente satisfatória, não precisaria continuar voltando àquele velho poço. Ela poderia se esconder para sempre e evitar o constrangimento de ser vista. Poderia se esconder com seus pecados e nunca mais sair de casa. Mas Jesus não queria preenchê-la para que ela permanecesse em seu pecado; ele queria que ela se libertasse do pecado. É para isso que ele, a água da vida, serve. Ele remove o pecado.

De acordo com a lei levítica, muitas coisas poderiam tornar uma pessoa impura, mas a única maneira de tornar uma pessoa impura em pura novamente era por meio de um ritual de purificação. Isso geralmente envolvia um banho de limpeza. O ritual simbolizava a lavagem do pecado. Todos que viviam perto dos judeus conheciam essa tradição, até mesmo a mulher samaritana. Entretanto, quando Jesus, o messias, veio à Terra, veio para nos purificar.

Jesus não estava se oferecendo para tirar a sede de água literal dessa mulher. Ele estava falando sobre sua capacidade de purificá-la de seus pecados e de satisfazer a sede profunda e equivocada que a levou a fazer aquelas escolhas pecaminosas. Jesus afirmava ser a fonte de sua purificação e de sua plenitude. Um gole de fé do salvador, e uma fonte purificadora de perdão e salvação brotaria de dentro dela e a preencheria.

Jesus disse à mulher que fosse buscar seu marido para que ele também pudesse beber um pouco da água dele. Quando ela confessou que não tinha marido, Jesus disse: "O fato é que você já teve cinco; e o homem com quem agora vive não é seu marido. O que você acabou de dizer é verdade" (v. 18).

Chocada, a mulher sabia que nenhum estranho comum poderia conhecer seus pecados íntimos e ocultos. Quando Jesus lhe disse que era o messias, ela largou o jarro de água e correu para contar a todos da cidade. Ela foi procurar todas as pessoas que ela havia tentado evitar. "Venham ver um homem que me disse tudo o que tenho feito. Será que ele não é o Cristo?" (v. 29) Ela as convidou a descobrirem por si mesmas. Em um instante, ela deixou de se esconder e passou a professar publicamente sua esperança em Deus. Se você já teve pecado em sua vida e depois encontrou o messias por si mesmo, você sabe o alívio incrível que a esperança traz. Eu também já experimentei isso.

Embora eu tenha tido apenas um marido, sou a mulher que encontrou Jesus junto ao poço. Acho que, de certa forma, ela representa todas nós. Quer tenhamos tentado preencher o vazio com trabalho ou vinho, homens ou mídia social, celulares ou comida, nicotina ou roupas novas, todas nós nos voltamos para coisas que aplacam o mal-estar e que matam a dor, para nos dizer que somos dignas ou para atender a alguma outra necessidade profunda. Acontece que elas nunca satisfazem, e é por isso que continuamos a nos encher de mais coisas. Estamos sempre com fome, mas nunca satisfeitas; sempre com sede, mas nunca saciadas. Estamos sempre procurando, mas nunca encontramos — até encontrarmos aquele que veio nos procurar. Assim como veio procurar a mulher no poço, Jesus veio procurar por nós. Ele nos perseguiu em nosso pecado e depois se entregou como oferta de bebida: "Peça-me algo de beber, e você nunca mais terá sede".

Meu Deus, que promessa! Talvez a história da mulher junto ao poço seja sua história também. Talvez você já tenha tentado de tudo e esteja finalmente pronto para ver se esse Jesus é fiel à sua Palavra. Ou talvez ainda esteja se esgueirando para o poço ao meio-dia, evitando os olhares críticos de sua família e amigos, porque todos sabem que seu apetite é insaciável e, seu estilo de vida, autodestrutivo. Aceite a única bebida que pode purificá-lo e satisfazê-lo em um só gole.

Não sei para onde você tem corrido em uma busca louca para encontrar o amor, desesperado por afirmação e precisando se sentir seguro e protegido, além de totalmente preenchido. Mas nada nem ninguém jamais será capaz de atender a essa necessidade — a não ser Jesus. A água viva que nos purifica de todas as nossas injustiças também satisfaz essa fome insaciável que nos colocou em apuros. Você já pediu uma bebida a Jesus?

Meu amigo jejuador, se você nunca veio a Jesus pela fé e aceitou o perdão e a purificação que ele oferece gratuitamente, o convite é seu. Ore comigo agora:

> *Jesus, nada mais funcionou para me purificar do pecado ou fazer com que eu parasse de pecar. Também não há nada que eu possa fazer por conta própria para me acertar com Deus. Preciso de você. Preciso beber do que o Senhor oferece. Estou pronto para aceitá-lo. Quero fazer isso agora. Aceito que o Senhor veio para me salvar do meu pecado. E acredito que o Senhor recebeu o castigo que eu merecia. O Senhor também não morreu apenas por mim. Você ressuscitou, proclamando a vitória sobre minhas lutas contínuas. Conte comigo! Quero o que o Senhor está servindo: água viva, para que eu nunca mais beba do poço errado. No nome salvador e satisfatório de Jesus, eu creio. Amém.*

DIA 16
E ENTÃO?

"O meu povo cometeu dois crimes: eles me abandonaram, a mim, a fonte de água viva; e cavaram as suas próprias cisternas, cisternas rachadas que não retêm água."
— Jeremias 2:13

Às vezes, quando falo sobre eventos da igreja, sinto-me um pouco desconfortável. Sei que as pessoas me veem no palco e presumem que eu não conheço a turbulência interior e a tristeza profunda da alma que elas abrigam em seu íntimo. Elas acham que eu tenho tudo sob controle, que sempre bebi profundamente da fonte de água viva. Elas não sabem de todas as cisternas vazias que cavei antes de encontrar Jesus no mesmo poço em que ele encontrou a mulher samaritana. Elas não conhecem minha história. Elas não percebem que todo o povo de Deus compartilha alguma variação da mesma história.

Em Jeremias 2:13, o Senhor declarou enfaticamente que seu povo "cometeu dois crimes". Primeiramente, eles o abandonaram, a fonte de água viva. Em segundo lugar, eles cavaram uma nova cisterna, cisterna rachada, uma cisterna ineficiente, que nem sequer conseguia reter água. Nenhum versículo, em todo o livro, resume melhor do que esse nosso relacionamento com Deus e com o mundo. Nós nos afastamos da cisterna de seu amor transbordante e cavamos como loucos, na esperança de encontrar uma fonte de água de afirmação. Todo o nosso esforço não nos leva a lugar algum. Ficamos mais sedentos do que nunca quando passamos nossos dias bebendo da fonte errada.

Essa foi minha história. Hoje, quando falo a grupos de mulheres sobre jejum, dependência e fonte do amor satisfatório de Deus, compartilho um poema que escrevi e que inclui estas palavras:

Bem...
Tentei de tudo,
Culpei a queda.
A vida era difícil.
Isso é tudo.
Consumi e experimentei
Para satisfazer.
Empurrei coisas, alimentos e homens para dentro,
Esse abismo vazio.
Isso fez com que minha vida tivesse um espasmo.
Eu não conseguia entender
Paixão suficiente para me fazer sentir amada.
Bem...
Nada funcionou, nem por muito tempo.
Talvez a duração de uma música,
A canção de amor perfeita
Em um bar de música country, "dois pra cá, dois pra lá" ao som de George Straight.
Andar em círculos com um homem que nem sequer era meu par.
Mas oooh, pela duração dessa música...
Eu sabia que parecia errado.
Procurando por amor em todos os lugares errados.
Abraços emaranhados.
Bem...

Talvez você queira saber como
Exatamente estou aqui agora.
Um grupo de senhoras da igreja
Ouvindo-me,
Como se eu tivesse o controle do cristianismo.
Pureza,
Religiosidade!
Mas tecnicamente, logisticamente,
Tudo o que fiz foi pegar a mão estendida e marcada com unhas
daquele que levou meu coração à terapia.
Daquele que me entregou...
Uma bebida fresca e refrescante de água viva.

E quanto a você? Qual é sua história? Consegue identificar para onde você se voltou ao longo dos anos para satisfazer sua sede e atender às suas necessidades mais profundas? *Você sequer reconhece quais são suas necessidades mais profundas?* Alguns cavam seus poços na terra da mídia social porque querem validação; outros cavam no trabalho porque precisam de sucesso para se sentir seguros. Muitas pessoas até mesmo cavam poços profundos na igreja, servindo e cavando e cavando e servindo, porque acham que seu valor está ligado à sua reputação como servo. Estamos todos cavando sem parar, até descobrirmos que nenhum poço feito pelo homem contém uma única gota de água que dá vida.

E você? E quanto a você?

Se você puder identificar as cisternas quebradas que cavou ao longo dos anos — e por que —, há esperança de que você possa abandoná-las e voltar-se para ele. Nas primeiras páginas e nos primeiros dias desse jejum, tiramos os olhos de nossas telas. Muitas vezes, olhamos para as telas na tentativa de sermos vistos, mas espero que você comece a entender como já é visto de forma satisfatória e como já está seguro e protegido. Quando a fonte desse precioso conhecimento começar a borbulhar em você, um fluxo refrescante interminável de restauração curará suas feridas e transformará sua vida! Quando você olhar para cima a partir de todas as cisternas inúteis que cavou, você o encontrará — realmente o encontrará — lá. E abandonará as cisternas quebradas que nunca funcionaram para curar seu quebrantamento.

Muitas vezes, nossas feridas nos levam a beber da água errada. Uma mulher que foi abusada verbal ou sexualmente acaba precisando da atenção constante de um amor abusivo. O homem que só foi reconhecido pelo pai quando fez algo digno de elogio cava poços profundos no trabalho, na esperança de receber outra rodada de aplausos. Aqueles que só foram valorizados por sua aparência ou por seus atos altruístas de serviço continuam cavando, e cavando, e cavando. Nossas feridas nos levam a águas erradas, mas as feridas de Cristo curam a fragilidade em nós que as cisternas quebradas nunca poderão tocar. Ele é a única maneira de ficarmos satisfeitos.

Abra a fonte da Palavra de Deus hoje. Leia Jeremias 2:13 e use seu marcador de texto, pois essa passagem é ouro puro. Temos uma grande chance; há um suprimento inesgotável de água viva que afirma, cura e satisfaz, disponível para nós quando nos voltamos para ela.

Por falar em virar, vire mais algumas páginas de sua Bíblia e encontre Jeremias 29:11-14.

"Porque sou eu que conheço os planos que tenho para vocês", diz o Senhor, "planos de fazê-los prosperar e não de lhes causar dano, planos de dar-lhes esperança e um futuro. Então vocês clamarão a mim, virão orar a mim, e eu os ouvirei. Vocês me procurarão e me acharão quando me procurarem de todo o coração. Eu me deixarei ser encontrado por vocês", declara o Senhor, "e os trarei de volta do cativeiro. Eu os reunirei de todas as nações e de todos os lugares para onde eu os dispersei, e os trarei de volta para o lugar de onde os deportei", diz o Senhor.

Se você tem cavado sua própria cisterna profunda na esperança de atender às suas necessidades mais profundas, essa promessa é para você. Sei que lhe fiz esse convite ontem, mas me sinto levada a fazê-lo novamente hoje: se você ainda não se converteu ou retornou ao amor do Senhor; se você ainda está preso aos gostos deste mundo, largue sua pá e mergulhe nas águas profundas e profundamente curativas do amor eterno de Deus. Não há nada que você tenha feito para merecê-lo e não há nada que precise fazer além de aceitá-lo.

> *Querido Senhor, seu convite é como seu poço, sem limites e sem fim. Obrigado por me chamar a si mesmo. Obrigado por me ajudar a ver por que me desviei do caminho. Por favor, cure minhas feridas quando eu colocar toda a minha atenção na sua. Minhas feridas me mantêm ferido, mas suas feridas trazem a cura que eu estava procurando. Estou mergulhando em seu poço generoso, porque o meu simplesmente não tem dado conta do recado! Em nome de Jesus, amém.*

DIA 17
ESCOLHIDO

Portanto, como povo escolhido de Deus, santo
e amado, revistam-se de profunda compaixão,
bondade, humildade, mansidão e paciência.
— Colossenses 3:12

Se eu pudesse resumir em uma palavra a poderosa atração das redes sociais, começaria com *desejado*. Desejamos ser desejados, apreciados e amados. Talvez isso tenha começado no Ensino Fundamental, quando crianças bonitas se reuniam em torno de lancheiras bonitas, trocando frutas enroladas por xícaras de pudim de chocolate. Os que carregavam sacolas marrons e sanduíches de mortadela já se sentiam à margem da aceitação naquela época.

Aceito. Talvez essa seja uma palavra melhor. Nosso desejo de ser aceito cresceu à medida que crescíamos. Festas, espinhas e popularidade colidiram com uma massa de humanidade hormonal durante o primeiro e o último anos do Ensino Médio. Saímos da fase da lancheira e entramos na fase da adolescência desajeitada. Cada convite para puxar uma cadeira ou se juntar a um grupo de amigos para ir ao cinema nos afirmava e nos aprovava.

Aprovado. A palavra *aprovação* também resume a atração da mídia social. Naquela época, ansiávamos pela aprovação, e agora nos esforçamos para obtê-la. Talvez não soubéssemos o quanto precisávamos de aprovação quando abrimos nossas contas nas redes sociais, mas, com o tempo, começamos a moldar nosso compartilhamento para que outras pessoas gostassem, quisessem, afirmassem, convidassem e aprovassem. Toda vez que publicamos um *post*, estamos perguntando a essas mesmas crianças descoladas: "Vocês aprovam meu senso de humor? Acham que sou espirituoso? E quanto aos meus filhos? Vocês aprovam minha família? Vejam como eu cresci!". Se elas gostarem de nossas publicações, talvez gostem de nós. O ícone de joinha é nosso medidor de aprovação. A aprovação de outras pessoas alimenta nossa aprovação pessoal, e talvez seja isso o que mais nos falta.

Já jejuei de açúcar muitas vezes para quebrar meu vício em doces e aumentar minha fome por coisas espirituais. Estou aprendendo que o jejum da mídia social faz algo semelhante. Tony Reinke escreveu: "O jejum alimentar nos separa do amor pelo açúcar. O jejum digital nos separa do açúcar pela aprovação pessoal".[1] Quando deixamos de lado nossa fome equivocada, ficamos mais famintos pelas coisas certas. Quando deixamos de lado nossa necessidade de sermos aprovados, há uma chance de descobrirmos que já o somos. Somos aprovados e escolhidos.

Escolhido. Sim, essa é a palavra. Já chegamos a ela. Queremos desesperadamente ser escolhidos. Mas a ironia parte meu coração. Abrimos a *World Wide Web* e pedimos a todos no mundo que nos escolham, quando aquele que criou o mundo já o fez! Por que isso não pode ser suficiente? Infelizmente, passamos a vida tentando fazer com que todos os outros nos escolham também.

Caro amigo jejuador, saiba: antes de ser criado, você foi escolhido. É por isso que Deus escolheu criá-lo em primeiro lugar. Quer alguém o convide para sair neste fim de semana ou não, você foi escolhido por aquele que escolheu criá-lo. *Os "gostos" de outras pessoas são insignificantes em comparação com o amor dele*. A afirmação delas não afirma nada; a afirmação dele afirma tudo! Deus disse isso claramente, e eu acredito nisso: "Ora, a fé é a certeza daquilo que esperamos e a prova das coisas que não vemos. Pois foi por meio dela que os antigos receberam bom testemunho" (Hebreus 11:1-2). Nossa fé em Cristo é tudo o que é necessário para obtermos a aprovação de Deus!

Toda vez que Deus coloca os olhos em nós, vê-nos pelas lentes da cruz e diz: "Só vejo escolhidos; só vejo redimidos; só vejo graça, porque só vejo meus filhos". Quando Deus olha para você, vê Jesus, porque Jesus trocou de lugar com você na cruz: seu estado pecaminoso pela sua perfeita graça. Por ter escolhido Jesus, você é sempre escolhido. Sua fé naquele que o tornou correto o torna correto hoje, amanhã e no dia seguinte também. Você pode parar de perseguir isso agora, *on-line* ou em qualquer outro lugar. Você não tem nada a provar, pois já foi aprovado. "Acaso busco eu agora a aprovação dos homens ou a de Deus? Ou estou tentando agradar a homens? Se eu ainda estivesse procurando agradar a homens, não seria servo de Cristo." (Gálatas 1:10)

Que alívio poder romper com isso. Essa pausa de quarenta dias tem o poder de nos libertar de nossa maneira doentia de buscar nas pessoas o que Deus já nos deu. Se quiser ser desejado, concentre-se no quanto ele o quis e, em seguida, proponha-se a desejá-lo ainda mais. Ele escolheu você, então escolha-o de volta. Que esse seja seu foco. O Deus que fez as galáxias girarem no lugar pode acalmar seu coração com o simples conhecimento de que ele o ama e o aprova todos os dias. Aquele que deu vida ao firmamento pode soprar seu fôlego em cada ferida antiga que faz você se perguntar "Sou suficiente?". A resposta de Deus é sempre um demonstrativo "Sim!".

Se você concorda comigo, mas não sabe como permitir que essa realidade, preencha seu coração faminto por amor, convide o Senhor para curar suas feridas. Você não precisa buscar *on-line* o amor que não recebeu em seus anos de formação. Deixe que o amor de Deus o preencha agora. Se você não se sentiu escolhido na mesa do almoço da Pré-escola, aceite o fato de que hoje você é escolhido. Você não precisa postar sobre todos os encontros que tiver para o almoço. Permita que o amor do Senhor cure suas feridas e mude a maneira como você vive sua vida real e sua vida *on-line*. Você é digno de amor.

Digno. Trabalhar duro para ser considerado digno quase nunca funciona. Seja *on-line*, na fila da cantina da escola ou na fila para uma promoção no trabalho... todo esse esforço é apenas mais uma distração de uma vida simples de devoção àquele que nos tornou dignos. Dignos, escolhidos, aprovados, aceitos, desejados e amados.

> Querido Senhor, Espírito Santo, ajude-me a parar de olhar através das lentes quebradas de velhas feridas para outras pessoas, em busca da aprovação delas! Seu amor e aprovação são tudo de que preciso — tudo de que sempre precisei. Em nome daquele que fez o mundo e que depois escolheu me fazer também, eu sou escolhido! Amém.

Mais um pensamento

Quando não nos sentimos escolhidos, especiais ou aceitos, isso às vezes gera um desejo tão grande, que nos comportamos de maneiras que não estão de acordo com nossas crenças, desde o que vestimos até o que compartilhamos.

Se você se esforça para acreditar que é aceito, obter a aceitação dos outros se torna sua principal ambição. Essa fome doentia tem o poder de tirá-lo do equilíbrio, fazendo com que você se torne instável e caia. A tentação está em vantagem quando você não sabe de quem é a mão que o segura. No entanto, quando você toma a mão de Deus e acredita em sua palavra, crendo que Cristo já o aceitou, seu lugar na palma da mão dele está seguro. A atração de postar para obter as "curtidas" do mundo perde seu poder, porque a atração de sua aceitação é suficiente. Cada dia e cada postagem têm menos a ver com você encontrar o amor e mais com o fato de que você já é amado.

DIA 18
EL ROI

> Este foi o nome que ela deu ao Senhor que lhe havia falado: "Tu és o Deus que me vê", pois dissera: "Teria eu visto aquele que me vê?".
> — Gênesis 16:13

Recentemente, um amigo meu postou esta pergunta *on-line*: "Qual dos nomes de Deus ressoa mais profundamente em você?". A resposta me veio rapidamente. O nome em que pensei não soava como o de uma das igrejas da moda dos Centros das cidades de hoje: A Videira, Água Viva, Estrela da Manhã ou O Caminho. Tampouco foi mencionado na grande profecia do nascimento do messias: "Porque um menino nos nasceu, um filho nos foi dado, e o governo está sobre os seus ombros. E ele será chamado Maravilhoso Conselheiro, Deus Poderoso, Pai Eterno, Príncipe da Paz" (Isaías 9:6). Embora cada um dos nomes de Deus me inspire a fazer uma pausa de *Selá* enquanto me detenho em alguma faceta incrível da bondade multifacetada de Deus, naquele momento não considerei nenhum outro nome além de um: El Roi.

Talvez você conheça a história de Abraão e Sara e de como Deus prometeu construir uma nação para si por meio deles. Eles já eram idosos quando a promessa foi feita, e Sara havia sido estéril durante todo o casamento. No início, foi difícil para ela acreditar — ela riu da promessa de Deus de ter um filho. Ficou ainda mais difícil com o passar dos anos e com o útero vazio. Por fim, em um último esforço para que a palavra de Deus se cumprisse, Sara deu sua serva egípcia, Hagar, a Abraão, como concubina, na esperança de que Hagar concebesse e lhes desse um filho.

Hagar engravidou de fato, mas quase que imediatamente houve um conflito entre as duas mulheres. Foi-nos dito que Hagar desprezava Sara, e que Sara culpava Abraão pela confusão. Foi então que Abraão deu permissão a Sara para fazer o que quisesse com Hagar. Sara então abusou de sua escrava, até que Hagar fugiu.

Oh, a dor no coração de Hagar! Posso imaginá-la grávida e sozinha, parando ao lado daquela fonte no deserto, perto da estrada para Shur. Foi ali que o anjo do Senhor apareceu para ela, abençoando sua vida e a vida de seu filho, e dizendo-lhe que voltasse para sua senhora. Depois desse encontro, Hagar deu a Deus este novo nome: El Roi, o Deus que me vê. Ela deu esse nome ao Senhor, que falou com ela: "'Tu és o Deus que me vê', pois dissera: 'Teria eu visto aquele que me vê?'" (Gênesis 16:13).

Desde jovem, tenho a forte sensação de que Deus não é apenas real, mas que está realmente próximo. Eu sentia seu amor e sentia seus olhos sobre mim. Como Hagar, desenvolvi essa consciência de sua presença em uma época em que me sentia muito sozinha. Quando criança, tive muitas dificuldades para sentir o amor de meu pai após o divórcio de meus pais. Eu tinha um medo profundo de que meu pai me deixasse, assim como havia deixado nossa casa. Certa noite, quando eu tinha cerca de nove anos, fiquei esperando, em frente à nossa casa, que ele viesse me buscar. Embora ele não estivesse atrasado, eu estava insegura. A vida parecia incerta, assim como a presença de meu pai. Enquanto eu estava sentada na varanda da frente, esperando e preocupada, a proximidade do Senhor de repente me invadiu como nunca. Seu espírito, íntima e ternamente, veio ao meu espírito. Eu sabia que ele estava lá. Eu sabia que ele estava me vendo.

Com o passar dos anos, Deus continuou a revelar sua presença nos pontos de ruptura do meu relacionamento com meu pai. Como ele é bondoso ao usar essas lutas com meu pai terreno para revelar a presença invisível, mas muito real, de meu pai celestial!

Lembro-me de ter saído, com meu pai e com sua nova esposa, para uma caminhada nas montanhas, quando eu estava no início da adolescência. O local era um ponto familiar ao lado de uma nascente na montanha, um local em que nossa família já havia caminhado por anos. Papai usava uma câmera no pescoço, e parou uma ou duas vezes para tirar fotos da esposa, mas nunca de mim. Mesmo agora, trinta anos depois, lembro-me da dor de não me sentir vista. No entanto, ao lado daquela fonte na montanha, tive um encontro com Deus muito parecido com o que Hagar teve ao lado de sua fonte no deserto. Deus se comunicou comigo com muita clareza: *Estou vendo você. E não só estou vendo você, como também estou tirando fotos e valorizando cada momento que passo com você.* Desde aquele dia, tenho a profunda expectativa de que, quando chegar ao lar eterno de Deus na glória, encontrarei meu quarto decorado com as fotos que meu pai celestial estava tirando de mim o tempo todo.

Talvez essa seja uma visão infantil e teologicamente imprecisa do Céu, mas ela me traz grande conforto. Aquele que me tricotou me conhece. Aquele que me salvou me vê. Eu sou dele e ele é meu. Seu nome é El Roi, e seus olhos estão em mim o tempo todo. À luz dessa visão, não preciso tirar *selfies* e publicá-las todos os dias. Deus está capturando cada momento da minha vida. Não preciso lutar para ser vista; eu sou vista.

Quando conhecemos o Deus que nos vê, podemos parar de postar por um minuto e encontrar nosso descanso no olhar fixo de seu amor inabalável. Seu amor não é tendência; os algoritmos *on-line* também não o alteram. Ele está sempre perto, sempre presente, sempre observando, sempre capturando memórias conosco. É por isso que não precisamos dos olhos da humanidade para afirmar ou aprovar. É a mesma mensagem que lhes dei ontem, eu sei, mas quero ter certeza de que vocês sabem o quanto são queridos por aquele que os ama muito. Ele está sempre olhando em sua direção.

Várias vezes, no Antigo Testamento, Deus descreve seu povo como a menina de seus olhos. Algumas traduções dizem "a pupila" de seus olhos. De qualquer forma, essas passagens nos dizem que temos a atenção e o carinho de Deus. Adoro as alegorias de Deuteronômio 32:10: "Numa terra deserta ele o encontrou, numa região árida e de ventos uivantes. Ele o protegeu e dele cuidou; guardou-o como a menina dos seus olhos".

A versão *A mensagem* traz muita ternura à cena: "Ele o encontrou no deserto, em um terreno baldio e ventoso. Ele o abraçou e lhe deu atenção, guardando-o como a menina de seus olhos".

É por isso que podemos orar o Salmo 17:8 diretamente a ele: "Protege-me como à menina dos teus olhos". É por isso que desviamos o olhar de nossos celulares para nossa família, de nossas telas para os céus, de nossos dispositivos distraidores para aquele a quem somos devotados.

Esta é a lição final de hoje: Deus não está olhando apenas para *você*. Seus olhos estão voltados para todos nós. Esse conhecimento é maravilhoso demais. Seu ponto de vista é vasto, imensurável e incrível demais. Ele vê todos nós. Em resposta à sua generosa visão, vamos parar de nos preocupar se somos vistos e levantar nossos olhos para ver os outros que ele vê. Nossa família e amigos, em primeiro lugar, mas também os perdidos e solitários. Talvez, com seus olhos abertos e seu coração também, você encontre uma Hagar sozinha, alguém que precisa saber que é vista por Deus. É difícil estar atento aos outros quando você mesmo está desesperado para ser notado.

Deus vê você. Deixe que isso o inspire a ver os outros hoje.

> *El Roi, obrigado por me ver. Que o fato de eu ser a "menina dos seus olhos" mude a visão que tenho de mim, de como posto e de como oro. Não preciso ser visto por todos o tempo todo, porque sei que o Senhor me vê o tempo todo. Em nome de Jesus, aquele que veio à Terra para literalmente colocar seus olhos sobre a humanidade, obrigado e amém.*

DIA 19
A GRAMA NÃO É SEMPRE MAIS VERDE

> Conservem-se livres do amor ao dinheiro e contentem-se com o que vocês têm, porque Deus mesmo disse: "Nunca o deixarei, nunca o abandonarei".
> — Hebreus 13:5

Estava recém-casada quando aprendi a gerenciar minha primeira casa em Brunchberry Lane, em Plano, Texas. Nossa casa era mais do que eu jamais sonhara, e eu estava satisfeita. Na sala de jantar, pendurei uma parede com fotos do casamento e depois estofei novamente as cadeiras para complementar as cortinas. Meu marido e eu pintamos a cozinha de amarelo-vivo e, como o cômodo tinha o formato de um celeiro, decoramos uma das paredes com "vermelho-curral" e, as prateleiras abertas, com galos. Os galos estavam na moda no Texas no início dos anos 2000. No pequeno pátio ao lado de nossa pequena piscina no quintal, enchi uma prateleira de três camadas com uma coleção em cascata de ervas em vasos.

Tendo crescido morando em uma única casa durante toda a minha vida, imaginei que fôssemos ficar nessa casa para sempre. Embora ainda não tivéssemos filhos, eu sabia qual cômodo um dia se tornaria o berçário e qual usaríamos como quarto de hóspedes até que outra criança surgisse.

Naquela época, antes de a HGTV e o *Pinterest* nos mostrarem o que não tínhamos, vivíamos uma "febre" louca por revistas. Atualmente, a maioria dos periódicos mensais está *on-line*, mas naquela época eu mantinha minhas revistas empilhadas ao lado do sofá, virando para baixo os cantos das páginas que mostravam minhas bancadas de cozinha favoritas, os lambris que eu desejava colocar na sala da família, o lustre decorativo pendurado sobre o berço rosa no quarto do bebê, e os jardins perenes que revestiam a frente de cada casa em estilo Cape Cod.

Minha favorita era a *Better Homes & Gardens*. Olhando para trás agora, sinto-me convencida pelo nome. Embora estivesse feliz com nossa casa e apaixonada pelo belo marido com quem a dividia, eu passava horas sonhando com maneiras de *melhorá-la*. Não me entenda mal; não acho que haja nada de errado em deixar sua casa bonita ou plantar um jardim cheio de flores e árvores frutíferas. Mas precisamos elevar nossos olhos além disso. Passar a vida sempre buscando *o melhor* nunca é o melhor. A melhor vida é a vida satisfeita.

Hoje em dia, não precisamos pegar uma revista para ver como são os lares de outras pessoas, cuidadosamente decorados. Ali mesmo, em nossas mãos e bolsos, há um portal para casas que são melhores; vidas que são mais bonitas; jardins que são mais exuberantes; e crianças que são mais obedientes, que sorriem para a câmera e que obviamente adoram seus irmãos. Hoje em dia, mais do que nunca, as pessoas lutam contra a comparação, porque as vidas encantadoras de todos os outros estão constantemente em exibição.

Embora algumas pessoas olhem com um olhar crítico para o que os outros publicam, a reação mais comum é voltar as críticas para nós mesmos. *Minhas bancadas nunca estão tão limpas... As anotações que faço na minha Bíblia nunca ficam tão bonitas... As fotos dos meus amigos são sempre tão bonitas; que filtro eles estão usando? Meu marido não tira fotos minhas sorrindo com nossos filhos, não faz churrasco, nunca me leva para um #noitededate, muito menos para uma viagem de fim de semana...*

Como é possível que a casa de todo mundo pareça uma peça da Better Homes & Gardens *enquanto eu estou presa aqui, em uma casa bagunçada?*

Você consegue se identificar? Você sente a pressão para acompanhar a moda virtual? Eu vejo e sinto isso também. Além disso, ela molda a maneira como organizo minha própria exibição *on-line*. Deslizo para o lado todos os itens da bancada antes de tirar uma foto da bandeja de lanches que estou entregando aos meus filhos, que brincam lá fora, enquanto eles se revezam dando pulos tipo "bola de canhão" na piscina. Essa pilha de bagunça que movi não foi a única coisa que editei em minha postagem. A verdade é que meus filhos não compartilham uma tarde feliz juntos há muito tempo, com ou sem bandejas de lanche. Eles estão brigando como loucos e me levando às lágrimas.

Essas publicações perfeitas são os destaques, mas não fazem alusão às centenas de pontos fracos que separam cada foto publicada. Isso é o que a maioria de nós faz nas redes sociais. Fazemos um álbum digital de recortes dos melhores momentos e, em silêncio, lidamos com o resto. Você não percebe: a grama não é mais verde; nossos vizinhos são seletivos quanto ao que nos mostram... e usam um filtro para torná-las ainda melhor. Estamos comparando nossa vida real com suas imagens cuidadosamente selecionadas. Então, qual é a solução? Não olhar? Não publicar? Embora isso possa ajudar a curto prazo, não é a resposta a longo prazo para a maioria. Embora estejamos fazendo uma pausa de quarenta dias nas redes sociais, precisamos de uma resposta melhor. Sugiro que Cristo seja essa resposta.

Cristo está no centro das Escrituras, que visam a nosso contentamento. O versículo que compartilhei no início da leitura de hoje é um exemplo perfeito: "Conservem-se livres do amor ao dinheiro e contentem--se com o que vocês têm, porque Deus mesmo disse: 'Nunca o deixarei, nunca o abandonarei'" (Hebreus 13:5). Quando nos concentramos no que temos — a presença constante de Cristo — em vez de em aquilo que não temos, ficamos contentes. Quando ele está no centro de nossa vida, elimina nosso desejo por mais.

Quando temos Cristo, temos o suficiente. Entretanto, quando perdemos o contato com Cristo como nosso "suficiente", nunca temos o suficiente. Ele é o segredo de nosso contentamento: o segredo de estarmos contentes em nossa vida real e em nossa vida *on-line*. Como ele é nossa porção, nosso "suficiente", com ele nossos dias transbordam de beleza. Não o tipo de beleza capturada e compartilhada *on-line*, mas o contentamento tranquilo de sua proximidade permanente.

> A quem tenho nos céus senão a ti? E na terra, nada mais desejo além de estar junto a ti. O meu corpo e o meu coração poderão fraquejar, mas Deus é a força do meu coração e a minha herança para sempre. (...) Mas, para mim, bom é estar perto de Deus; fiz do Soberano Senhor o meu refúgio; proclamarei todos os teus feitos (Salmo. 73:25-26, 28).

Cristo é a nossa porção. Com ele, estamos todos cheios e satisfeitos. Portanto, Cristo no centro de nossa vida é a peça central de nossa paz. Aqui está mais uma passagem para nos ajudar a acreditar que isso é verdade:

> Não estou dizendo isso porque esteja necessitado, pois aprendi a adaptar-me a toda e qualquer circunstância. Sei o que é passar necessidade e sei o que é ter fartura. Aprendi o segredo de viver contente em toda e qualquer situação, seja bem alimentado, seja com

fome, tendo muito, ou passando necessidade. Tudo posso naquele que me fortalece. (Filipenses 4:11-13)

Não há vida melhor do que a vida passada em uma amizade íntima com Deus. Desfrutar de sua proximidade e de sua promessa de permanecer conosco à medida que permanecemos com ele é nossa melhor vida. Não há casa melhor, não há jardim melhor, não há correio melhor, não há família melhor ou retrato de família. Não há nada melhor. Quando Cristo é seu melhor, você não se esforçará para ser melhor!

> *Senhor, o Senhor é o melhor. A vida com o Senhor é a melhor vida. Não quero ficar me comparando com os outros sem me sentir satisfeito mais um dia. Não importa se estou alugando um quarto no apartamento de alguém nos fundos de um beco ou morando naquela casa em Cape Cod, cercada por jardins exuberantes. Desde que eu esteja vivendo com o Senhor, estou feliz com meu lar. Faça seu lar em mim hoje. Nenhum filtro é necessário nessa vida linda, contente e livre de comparações com o Senhor!*
> *Em nome de Jesus, amém.*

DIA 20
LUZES VERMELHAS

Não sobreveio a vocês tentação que não fosse comum aos homens. E Deus é fiel; ele não permitirá que vocês sejam tentados além do que podem suportar. Mas, quando forem tentados, ele lhes providenciará um escape, para que o possam suportar.
— 1Coríntios 10:13

No momento em que este livro estiver em suas mãos, meus filhos terão dezessete, quinze e treze anos. No momento em que escrevo este texto, meu filho mais velho, Caleb, ainda tem quinze anos. Não tem idade suficiente para tirar sua carteira de motorista, mas terá em breve. Não é preciso dizer que publicar uma obra é um processo longo, lento e árduo. Preparar meus filhos para a vida, no entanto, leva ainda mais tempo.

Eu me pergunto: estou preparando meu em breve futuro motorista para ser um motorista concentrado? Ou estou mostrando como ser um motorista distraído, enquanto mexo no celular nos sinais vermelhos? O que estou ensinando a ele? Caleb me vê abrir a Palavra, ir à igreja e servir aos outros, mas o que mais ele me vê fazer diariamente? Será que ele vê a maneira como pego o celular para mudar de música ou para ligar o GPS enquanto dirigimos pela cidade? Se eu quiser que ele guarde o celular antes de pegar o volante de um carro e dirigir milhares de quilos de aço pela estrada, preciso mostrar a ele como se faz.

Quando estou na estrada, seja sozinha ou com meus filhos, e um "ping" me avisa de uma mensagem, fico tentada a pegá-lo e me pergunto:

Será que meu marido está tentando me dizer alguma coisa? Será que meu dentista acabou de confirmar minha consulta? Será que um amigo comentou a postagem sensível que deixei no Instagram *antes de sair de casa? Meu pedido da* Amazon *foi entregue?* Embora nenhuma dessas mensagens seja uma questão de vida ou morte, minha escolha de verificá-las ou não pode ser — e não apenas naquele momento, mas em outros momentos daqui a alguns anos, quando meus filhos fizerem o que me viram fazer. Não quero que eles verifiquem seus celulares enquanto dirigem porque viram seus pais fazendo isso. Em pouco tempo, Caleb terá um volante em suas mãos. Será que estou dirigindo bem?

Este versículo me deixou convencida sobre o pecado geracional: "Mesmo enquanto esses povos adoravam o Senhor, também prestavam culto aos seus ídolos. Até hoje seus filhos e netos continuam a fazer o que seus antepassados faziam" (2Reis 17:41). Ai...

Este capítulo pode doer um pouco, mas temos que parar de enviar mensagens de texto ao dirigirmos! Afinal, é a lei. Talvez você saiba disso, mas ainda assim o impulso de pegar o celular é mais forte do que seu conhecimento do certo e do errado. É nessa *compulsão* que quero me concentrar hoje. Quer você tenha filhos ou não, quer ache que está seguro ou não, quer o Espírito Santo o tenha convencido ou não sobre isso... você ainda fica checando suas mensagens como se não tivesse o poder de dizer não?

O que espero transmitir hoje não são hábitos de direção seguros, mas a ideia de que Deus deve estar firmemente sentado atrás do volante de nossas vidas. Jesus Cristo, por meio da presença do seu Espírito Santo, deve ser o único motorista sentado com segurança no banco do motorista. Quando não temos o autocontrole para dizer não ao celular enquanto estamos ao volante, é porque outra coisa tem muito controle sobre nós.

Qualquer coisa ou pessoa que não seja Cristo em você e que governe suas escolhas diárias é um falso mestre. Somente Deus tem a autoridade para nos guiar. Quando obedecemos a ele, nossa vida dá testemunho de sua autoridade. Quando, no entanto, não obedecemos a ele e seguimos todos os impulsos, testemunhamos que outra pessoa está sentada no banco do motorista de nossa vida descontrolada.

Esta mensagem não se refere apenas a celulares e direção. Se você precisa de qualquer coisa que não seja Cristo para passar o dia — *preciso comer aquela comida, preciso beber aquela bebida, preciso ver aquelas imagens* on-line, *preciso dormir com aquela pessoa, preciso fumar aquele cigarro, preciso pegar meu celular a cada sinal vermelho* —, então você está dirigindo diretamente para os faróis gêmeos do vício e da idolatria. Sua mente pode lhe dizer o que é certo e o que é errado, mas se seus impulsos o dominam como um valentão, você precisa de ajuda. E a ajuda de que você precisa é o ajudante.

Quando Jesus ascendeu aos Céus, disse a seus seguidores que lhes enviaria um ajudador (João 15:26). O Espírito Santo é esse ajudador. Se você aceitou o presente gracioso de Deus, então o próprio ajudador está em você, pronto para ajudar! 1João 4:4 nos diz: "(...) porque aquele que está em vocês é maior do que aquele que está no mundo".

Você não é impotente. O Espírito Santo de Deus em você é mais forte do que o impulso de pegar o celular centenas de vezes por dia. Jesus prometeu: "E eu pedirei ao Pai, e ele lhes dará outro Conselheiro para estar com vocês para sempre, o Espírito da verdade. O mundo não pode recebê-lo, porque não o vê nem o conhece. Mas vocês o conhecem, pois ele vive com vocês e estará em vocês" (João 14:16-17).

Deus em você é mais forte do que qualquer impulso que esteja enfrentando hoje. Deus é mais forte do que o tentador e a tentação. Ele é a saída para toda tentação que parece uma compulsão. A Bíblia diz: "Você é tentado da mesma forma que todos os outros são tentados".

Mas podemos confiar que Deus "não permitirá que vocês sejam tentados além do que podem suportar. Mas, quando forem tentados, ele lhes providenciará um escape, para que o possam suportar" (1Coríntios 10:13).

Jesus se referiu a si mesmo como "o caminho" (João 14:6). Ele é o caminho para o pai, sim, mas também é o caminho para sair do vício do celular. Ele é mais forte do que a atração forte. Em vez de mergulhar de cabeça na tentação, justificando que não há problema em verificar seu dispositivo digital na estrada, mergulhe no único caminho para sair de todas as tentações.

Hoje, quando chegar a um sinal vermelho e pegar o celular, pare e pergunte a si mesmo quem está no banco do motorista da sua vida nesse momento. O que você mostrar hoje influenciará as gerações futuras. Com Cristo em você, você pode viver uma vida que exemplifica a obediência. Seu celular não é seu chefe; o mestre Jesus o é!

> *Senhor, não quero ser governado por minhas compulsões, como se eu não tivesse voz sobre o que faço. Quero ser governado por você. O Senhor é forte, e sua força em mim é maior do que qualquer tentação que eu enfrente. Você é o caminho forte para sair da tentação. Estou abrindo um caminho para que as gerações futuras também o conheçam como o mestre de seus dias, por isso peço sua ajuda. Que sua voz seja a única notificação de que minha família precisa para navegar por esta vida. Seja nosso GPS interno, Espírito Santo, para onde quer que estejamos indo hoje.*
>
> *Amém.*

É a lei

Se você costuma pegar o celular quando está ao volante, comprometa-se a mantê-lo longe de si quando estiver dirigindo durante esses dias de jejum. E quando o jejum terminar, continue guardando o celular quando estiver dirigindo. Não se trata de uma pequena pausa. É um convite para frear esse comportamento. É a lei. Obedeça-a para sua segurança e a segurança das gerações futuras.

DIA 21
FAMOSO

> Pois Cristo não me enviou para batizar, mas para pregar o evangelho, não com palavras de sabedoria humana, para que a cruz de Cristo não seja esvaziada. Cristo, Sabedoria e Poder de Deus.
> — 1Coríntios

Um de meus avós era pregador e, o outro, evangelista. Ambos subiram ao palco para pregar o evangelho há cinquenta anos. Um deles ficava diante de uma congregação nas manhãs de domingo, ensinando a Palavra depois que o órgão tocava. O outro apresentou espetáculos científicos fascinantes na Feira Mundial anual de 1962 a 1974, e usou essa plataforma para apontar homens, mulheres e crianças para o Deus que criou este mundo natural com todas as suas maravilhas. Hoje você pode pesquisar seus nomes no *Google* e encontrar um pouco de informação sobre cada avô, mas é só isso — uma foto antiga de uma igreja de tijolos, junto de um obituário do pregador, e uma crítica do programa *Sermons from Science* (Sermões da ciência) do evangelista.

Eles nunca se tornaram famosos. Nenhum dos meus avós colecionava grandes seguidores; eles simplesmente se dedicavam a coletar seguidores de Cristo. Eles não estavam procurando discípulos para si mesmos; estavam procurando fazer discípulos para o mestre.

Nesta era digital, as coisas são um pouco mais complicadas para aqueles que compartilham sua fé *on-line*. Quando publicamos *on-line*, constantemente recebemos *feedback* sobre quantas pessoas "curtem" o que compartilhamos. A todo momento, todos os dias, sabemos exatamente quantas pessoas estão nos seguindo enquanto seguimos Jesus. É difícil não ser pego por um jogo de números, como se esta vida fosse uma espécie de concurso de popularidade.

Imagino que seja mais difícil para os adolescentes de hoje. Se você é um jovem que está lendo este livro e fechou seus aplicativos de mídia social por quarenta dias, estou orgulhosa de você! Você é corajoso. Continue buscando uma amizade com Cristo acima de tudo e confie que ele lhe dará os outros amigos de que você precisa. De fato, essa é uma lição para todos nós.

Se seu foco *on-line* é fazer amigos, manter contato com amigos ou compartilhar Cristo com seus amigos, é comum se fixar em quantos amigos você tem. A melhor coisa a fazer é manter os olhos no único que você está seguindo, e não em quantos estão "seguindo" você.

Mesmo que você considere a mídia social seu principal campo missionário, a meta são os seguidores de Cristo, não os seguidores do *Instagram*. Embora seja verdade que você precisa ter um público para alcançar um público, não se preocupe com isso. Mantenha seus olhos nele, e ele o usará para fazer crescer seu reino. O crescimento do reino é sempre mais importante do que o crescimento do *Instagram*. Sempre que me pego voltando para ver quantas pessoas tocaram naquele coraçãozinho em uma de minhas postagens, tento me lembrar de verificar meu próprio coração.

Aqui está uma passagem para orarmos sempre que nossos motivos estiverem um pouco confusos: "Sonda-me, ó Deus, e conhece o meu coração; prova-me, e conhece as minhas inquietações. Vê se em minha conduta algo te ofende, e dirige-me pelo caminho eterno" (Salmos 139:23-24).

Às vezes, começamos algo com o desejo de absorver muito de Deus, mas acabamos absorvendo muito de nós mesmos no processo. Embora queiramos promover o nome e a fama de Deus, acabamos nos distraindo com a busca por nossa própria fama. O desejo de ser popular é algo contra o qual todos nós precisamos nos proteger, e é por isso que oro regularmente para que Deus examine meu coração.

Também oro com Provérbios 30:8-9: "Mantém longe de mim a falsidade e a mentira; não me dês nem pobreza, nem riqueza; dá-me apenas o alimento necessário. Se não, tendo demais, eu te negaria e te deixaria, e diria: 'Quem é o Senhor?'. Se eu ficasse pobre, poderia vir a roubar, desonrando assim o nome do meu Deus" (Provérbios 30:8-9).

Eu peço: Senhor, não me dê muito para que eu possa abandoná-lo. Mas também não me dê muito pouco para que eu possa amaldiçoá-lo. Não só peço isso em relação ao número de "curtidas" que recebo em uma postagem, como também oro em relação ao número de livros que vendo, quanto dinheiro ganho e quantos programas de rádio e entrevistas em *podcast* me pedem para fazer. Até mesmo oro com Provérbios 30:8-9 sobre minha aparência. Estou ficando mais velha, e meu rosto está fazendo coisas estranhas (não se atreva a rir de mim!). Por exemplo, minha testa se enruga de forma estranha sobre o olho direito quando sorrio, e minhas sobrancelhas estão ficando mais caídas. Às vezes, acho que me pareço com o Beto da *Vila Sésamo*. O pior é que todas as outras pessoas *on-line* são tão bonitas e fotogênicas! Eu nunca me considerei vaidosa até começar a postar fotos para o mundo todo ver.

É por isso que peço ao Senhor que me dê apenas a porção da beleza deste mundo que ele quer que eu tenha — nem mais, nem menos. Depois lembro a mim mesma que ele está concentrado em meu belo e dedicado coração, não em meu rosto envelhecido. Como estou comprometida a não ficar obcecada com minha aparência, tento me esforçar mais nos lugares ocultos do meu espírito, em que a gravidade não tem poder. "A beleza de vocês não deve estar nos enfeites exteriores, como cabelos trançados e joias de ouro ou roupas finas. Pelo contrário, esteja no ser interior, que não perece, beleza demonstrada num espírito dócil e tranquilo, o que é de grande valor para Deus" (1Pedro 3:3-4).

Quando me vejo ansiosa com minha aparência ou com o número de "curtidas" que recebo on-line, lembro-me de quem é a fama que busco e de quem é o rosto que procuro. Se a glória e o louvor de Deus são meus principais prazeres, não ficarei estressada quando ninguém gostar do que tenho a dizer e não sentirei inveja quando mulheres mais jovens e mais bonitas entrarem na conversa on-line. Não tem a ver comigo. Este mundo, embora passageiro, está nos preparando para o reino eterno de Deus. Em minha jornada por este mundo temporário, comprometo-me a manter meus olhos nele, pedindo-lhe que me ajude a levar a ele o maior número possível de pessoas.

Quando meu filho mais velho tinha cerca de doze anos, ele anunciou que seria um astro do *rock* ou um líder de louvor. Eu brinquei: "É o mesmo trabalho, querido! É só uma questão de quem fica com a glória". Embora você possa discutir comigo sobre isso — pois há muitos artistas seculares que dão toda a glória a Deus, e muitos líderes de louvor que tomam o palco para si mesmos —, a lição é simplesmente esta: vamos nos humilhar diante do Senhor, para que possamos viver para elevá-lo, agora e para sempre.

Sei que é importante que as pessoas que vendem coisas *on-line* aumentem sua presença nas redes sociais, mas nós, que promovemos o evangelho, temos de ser muito cuidadosos. Que nosso maior desejo seja sempre o de ver o reino de Deus crescer em vez de nossas "plataformas". Vamos viver, publicar e promover a fama dele em vez da nossa. Humilhe-se e permita que Deus receba toda a glória!

> *Senhor, ajude-me a manter meus olhos em você! Você é excepcional e merece toda a atenção, todo o louvor e todo o meu "coração". No nome mais famoso, Jesus, amém.*

DIA 22
VOCÊ ESTÁ PRONTO PARA ESTAR PRONTO PARA DEUS?

> O Senhor olha dos céus para os filhos dos homens, para ver se há alguém que tenha entendimento, alguém que busque a Deus. Todos se desviaram, igualmente se corromperam; não há ninguém que faça o bem, não há nem um sequer.
> — Salmo 14:2-3

Quando Deus olha para você, o que ele vê? Ele encontrou uma mulher pronta para Deus ou um homem expectante? Ele o viu dedicado ou distraído? Seguindo-o com afinco ou quase não o seguindo?

Quando viajei para Israel no verão de 2018, vi um pastor caminhando por uma antiga trilha nas colinas de Belém, com um grupo de ovelhas em seu rastro. Elas caminhavam atrás do pastor em uma "fila indiana". Eu nunca tinha visto nada parecido, e a imagem ficou comigo como um retrato de como o caminho é estreito para aqueles de nós que estão seguindo Jesus.

É quase impossível seguirmos o pastor enquanto seguimos outras ovelhas. Da mesma forma, não podemos ficar na fila atrás de Jesus quando estamos seguindo todo mundo *on-line*. A estrada *on-line* é ampla e distrai, e os caminhos virtuais que percorremos são infinitos. Até mesmo as ovelhas mais dedicadas de Jesus podem se perder se tirarem os olhos dele. Somos tão distraídos por todos os outros! Mesmo as pessoas boas e piedosas — sua família e amigos, seu pastor, seu líder de louvor ou autor favorito — nunca devem tomar o lugar do bom pastor como seu líder principal. É a voz dele, acima de todas as outras, que você precisa ouvir. Aqui está outra história de ovelhas que Jesus contou:

> Qual de vocês que, possuindo cem ovelhas, e perdendo uma, não deixa as 99 no campo e vai atrás da ovelha perdida, até a encontrar? E, quando a encontra, coloca-a alegremente sobre os ombros e vai para casa? Ao chegar, reúne seus amigos e vizinhos e diz: "Alegrem-se comigo, pois encontrei minha ovelha perdida"? Eu lhes digo que, da mesma forma, haverá mais alegria no céu por um pecador que se arrepende do que por 99 justos que não precisam arrepender-se.
> (Lucas 15:4-7)

Todos esses anos depois, seus seguidores ainda são como aquela ovelha desgarrada. E é por isso que "o Senhor olha dos céus para os filhos dos homens, para ver se há alguém que tenha entendimento, alguém que busque a Deus" (Salmo 14:2); apenas um homem, mesmo, Deus, ansioso; apenas uma mulher pronta para Deus. Mas nossos olhos não conseguem ver Jesus, porque estão voltados para todos os outros. Nossos ouvidos também não conseguem ouvi-lo, porque estão atentos às conversas do mundo todo. Sem querer, seguimos o caminho da cultura. Como os 99, estamos seguindo as pessoas *on-line* que falam mais alto e que publicam as fotos mais bonitas e, por nossa vez, tornamo-nos a "única" ovelha que se perde no caminho. Que maravilha termos um pastor que nunca desiste de sua missão de resgate!

Se você é uma ovelha que conhece a voz do pastor, mas que saiu da linha ao vagar pela Internet, talvez Deus esteja usando esses dias de jejum para persegui-lo, jogá-lo sobre os ombros e trazê-lo de volta ao seu rebanho. Isso exigirá uma medida de rendição de sua parte. Uma ovelha obstinada que continua fugindo precisa ser disciplinada. Com amor, para o bem da ovelha, um bom pastor pode até quebrar a perna do animal para que ele aprenda a ficar por perto. Não sei quanto a você, mas eu não quero esse tipo de disciplina. Prefiro aprender a ser autodisciplinada e a ficar por perto sem a necessidade da intervenção do Senhor.

Ovelhas errantes podem ser devoradas por chacais ou ficarem perdidas por anos. Em 2004, uma ovelha chamada Shrek saiu de sua fazenda em South Island, Nova Zelândia, e acabou vivendo em uma caverna por seis anos até que seu dono a encontrasse. Durante esse tempo, sua lã ficou grossa e pesada. Ela carregava o peso de sua tolice como um fardo em suas costas. Quando finalmente foi tosquiada, 60 quilos de lã jaziam a seus pés.[1] Você consegue imaginar o alívio que o pobre animal deve ter sentido quando o peso caiu dele?

Se você é uma ovelha que se afastou, é provável que também esteja carregando um grande peso: vício e ansiedade, solidão e isolamento, relacionamentos tóxicos e falta de perdão, luta pelo sucesso e medo do fracasso. Se esses dias de jejum o trouxeram de volta ao nosso salvador que o pastoreia, ou o trouxeram a ele pela primeira vez, permita que ele tire o fardo pesado de suas costas. Ele deseja carregar você e seus fardos.

Seguir Jesus exige uma tremenda negação de si mesmo. Nada de ficar vagando! Infelizmente, a negação de si mesmo está em oposição direta à mensagem de nossa cultura. Vivemos em uma geração que glorifica a gula e a gratificação instantânea. Dizem que devemos poder ter, ser e fazer o que quisermos. Tudo é relativo, tudo está disponível e todos os caminhos levam aos mesmos pastos verdes. Só que não é assim. O que o mundo diz não é o que a Palavra diz. A Palavra diz para sermos autocontrolados, mas o mundo diz que quanto maior, melhor; mais é mais maravilhoso, e não há necessidade de esperar.

Hoje levamos conosco, para onde quer que vamos, uma variedade de aplicativos para abrir nosso apetite. A *World Wide Web* é um banquete virtual, uma oportunidade para a gula global. Não há motivo para nos negarmos. Mas Jesus, o bom pastor, disse: "Se alguém quiser acompanhar-me, negue-se a si mesmo, tome diariamente a sua cruz e siga-me" (Lucas 9:23). Se quiser seguir Cristo neste mundo, você deve negar a si mesmo um pouco em relação a este mundo. Novamente, tudo isso é contracultural. O restante das ovelhas está de volta ao cocho. Ombros caídos para a frente, cabeça baixa. Percorrendo as redes sociais, assistindo a filmes, ouvindo música, comendo demais, gastando demais e exagerando em tudo, o tempo todo. Mas não você, não hoje. Você é uma ovelha que está comprometida em seguir o pastor. Sua cabeça está erguida em um esforço para estar pronto para Deus!

No silêncio de seu jejum, com os olhos e os ouvidos abertos, procure conhecer a voz do pastor. Em João 10:27, Jesus disse: "As minhas ovelhas ouvem a minha voz; eu as conheço, e elas me seguem".

Siga Jesus hoje. Negue a si mesmo o direito de viver como o mundo vive, seguindo todo mundo e consumindo tudo. Em vez disso, escolha seguir aquele que o ama tanto, que o perseguiria em qualquer lugar do mundo, tiraria os fardos de seus ombros e o levaria de volta ao seu rebanho.

> *Deus, o Senhor está sempre à procura de quem o procura, sempre com a intenção de segui-lo. Quero ser aquele "um" que se mantém na linha, mesmo quando estiver on-line novamente. Será preciso mais do que um pouco de negação de si mesmo, mais do que um pouco de vida contracultural. O Senhor sabe que isso não será fácil para mim e por isso, Espírito Santo, estou pedindo sua ajuda. Ajude-me a manter meus olhos em você e meus ouvidos atentos à sua voz. Em seu nome, pastor Jesus, amém.*

Uma mensagem para os pais

Uma ovelha sem pastor está vulnerável *on-line* hoje em dia. As ovelhas jovens são especialmente vulneráveis. Meu marido e eu estamos tentando proteger nossos filhos nesta era digital, estabelecendo limites e ensinando-lhes o autocontrole. Embora seja contracultural, não permitimos que eles tenham acesso à Internet em seus celulares até que estejam no último ano do Ensino Médio. Nesse meio-tempo, instalamos *firewalls* nos computadores e *tablets* da família, e não permitimos computadores nos quartos ou banheiros. Também estamos treinando-os para não se perderem na Internet, passando tempo com eles *on-line*. Quando nossos filhos quiserem abrir sua primeira conta de mídia social, poderão fazer isso... no meu celular. Não queremos ser desmancha-prazeres, prepotentes ou injustos, mas, sim, proteger nossos cordeirinhos dos lobos que rondam a *World Wide Web*. Não estarei lá para supervisionar os hábitos *on-line* de meus filhos por muito tempo, por isso estou ensinando-os a permanecer no caminho estreito. Quero que meus filhos estejam prontos para Deus. Quero que eles sigam Jesus em vez de sua cultura. E eu também quero estar preparada para Deus.

DIA 23

MANTENDO SEU PRIMEIRO AMOR EM PRIMEIRO LUGAR

> Se o seu olho direito o fizer pecar, arranque-o e lance-o fora. É melhor perder uma parte do seu corpo do que ser todo ele lançado no inferno. E se a sua mão direita o fizer pecar, corte-a e lance-a fora. É melhor perder uma parte do seu corpo do que ir todo ele para o inferno.
> — Mateus 5:29-30

Acho poético que as duas partes do corpo nas quais Deus se concentra nessa passagem sobre o pecado contínuo sejam a mão e o olho — as partes do corpo que usamos mais diretamente com nossos dispositivos digitais. Com nossas mãos, nós os seguramos; com nossos olhos, nós os contemplamos. O que carregamos em nossas mãos, carregamos em nossos corações, mas Deus fez nossos corações para ser sua morada.

Quando Jesus disse as palavras acima, foi no contexto do adultério: "Vocês ouviram o que foi dito: 'Não adulterarás'. Mas eu lhes digo: qualquer que olhar para uma mulher para desejá-la, já cometeu adultério com ela no seu coração" (Mateus 5:27-28).

Quando se trata de nosso relacionamento com a mídia social e nossos "amigos" *on-line*, podemos aplicar essa passagem de duas maneiras. Primeiramente, devemos nos perguntar: *Meu amor pela mídia social é adúltero? Será que gosto mais de me relacionar com eles do que com ele?* Mencionei isso, mas estou falando novamente agora: embora queiramos desejar mais a Deus, muitos de nós recorrem mais à mídia social. Olhamos para o mundo por meio de nossas telas e desejamos sua beleza e suas riquezas, sua amizade e afirmação, em vez da beleza, das riquezas, da amizade e da afirmação de Cristo. Esse tipo de adultério tenta a maioria de nós. Rolamos a tela com os polegares e consumimos com os olhos, mas geralmente estamos ocupados e cansados demais para investir em nosso relacionamento amoroso com ele. Esse pode ser o motivo inicial pelo qual você se comprometeu a largar seus dispositivos — um esforço para voltar ao seu primeiro amor.

Cristo é conhecido como o noivo, e a Igreja é chamada de sua noiva. Quando abandonamos esse relacionamento íntimo e buscamos o amor do mundo, somos tão adúlteros quanto os israelitas quando entraram em terras estrangeiras, casaram-se com incrédulos e abandonaram Deus e sua lei de amor. Embora nossa primeira devoção amorosa a Cristo seja o convite abrangente e recorrente desse jejum, há também outra advertência para nós aqui.

Hoje precisamos nos fazer uma segunda pergunta: estamos usando nossos dispositivos digitais para atiçar as chamas do desejo adúltero? Não é de surpreender que a mídia social seja uma das principais contribuintes para casos emocionais e físicos.[1] A psicoterapeuta Joyce Marter escreveu:

> A mídia social parece ter adicionado combustível ao fogo da infidelidade... As antigas chamas estão a apenas um clique de distância. Os limites apropriados do relacionamento podem se tornar indistintos. Por exemplo, quando as mensagens casuais cruzam a linha e se transformam em um caso emocional?[2]

Deixar de lado as redes sociais por um tempo é bom para todos nós, sem dúvida, mas para aqueles que continuam a se relacionar *on-line* com um antigo amor, o desafio de hoje tem o poder de proteger e até mesmo de salvar seu casamento (e o dele).

Durante nosso curto noivado, Matt sugeriu que fizéssemos algo drástico: entrar em contato com qualquer pessoa com quem tivéssemos tido um relacionamento romântico anteriormente e avisar que íamos nos casar e que não estaríamos disponíveis para uma amizade casual com ela no futuro. Embora não houvesse muitas pessoas com quem tivéssemos que entrar em contato, foi uma atitude desconfortável. O *Facebook* era uma rede nova, mas eu ainda não fazia parte dela. Eu também ainda não tinha um celular, apenas *e-mail*, um telefone fixo e um *pager*. Liguei para todos os meus três ex-namorados e disse que ia me casar e que não teria mais contato com eles. As conversas foram estranhas e breves. Nos últimos anos, dois dos três entraram em contato comigo com uma solicitação de amizade, mas eu simplesmente ignorei esses convites.

O outro limite que Matt e eu decidimos implementar foi nos livrarmos de todos os presentes que havíamos recebido de ex-namorados(as). Os dele eram pequenos e significativos tesouros guardados em uma caixa de sapatos. Meus presentes eram maiores e mais práticos: uma escrivaninha, um aparelho de som e algumas obras de arte. Foi uma medida proativa para proteger nossas imaginações de se questionarem e de vagarem. Cortamos as amizades, jogamos fora os presentes e nos apegamos apenas um ao outro.

Hoje peço que você pense em de quem talvez precise "deixar de ser amigo". Talvez um ex-namorado ou namorada com quem você se comunica por meio de mensagens privadas. Ou talvez não seja um ex-namorado, mas o pai amigável, que está sempre disponível para você quando torce pelos seus filhos nos jogos de futebol. Ou talvez seja aquele(a) colega de trabalho de uma década atrás, que costumava convidá-lo(a) para tomar uma taça de vinho quando vocês iam juntos a eventos. Nada aconteceu naquela época, mas você ainda pensa nisso. Ele(a) pode não estar fazendo nada para tentá-lo(a) agora, mas seus pensamentos ainda estão... tentados. As postagens dele(a) fazem com que você se demore, lembre-se e sinta desejo.

Antes de voltar ao cenário social *on-line*, avalie honestamente seus amigos *on-line*. Se houver uma pessoa específica que desvie seus olhos e emoções de seu cônjuge, tome uma atitude. Mesmo que você não tenha sido inconveniente, descartar essa amizade *on-line* pode ser a coisa mais conveniente que você pode fazer. Se isso não for suficiente, talvez seja necessário ir tão longe a ponto de "rejeitar" (ou fechar) a mídia social por completo.

E quanto ao seu relacionamento com a mídia social em geral? Talvez você não se sinta tentado por uma pessoa específica, mas, sim, por "todas as pessoas". O celular na palma da sua mão o afasta daquele que o segura na palma da sua mão expansiva? Não apenas estabeleça alguns limites particulares e confesse seu pecado ao Senhor, mas vá até o fim. Corte qualquer relacionamento adúltero, seja com uma pessoa, seja com a mídia social. Você sabe bem o que precisa fazer para manter seu primeiro amor.

As escolhas que você faz hoje podem parecer drásticas, mas são pequenas se comparadas ao relacionamento amoroso que você está protegendo ativamente — com seu(a) noivo(a) e, se for casado(a), com seu cônjuge.

Querido Senhor, eu o reivindico como meu primeiro amor. Continue a me mostrar como é o adultério on-line. Convença-me de qualquer pecado do qual eu precise me arrepender e abandonar. Convença-me também das tentações que deixei permanecer, tentações que podem acabar me desviando do caminho certo. Ajude-me a cortar os laços com qualquer pessoa que me tente a me afastar de si ou de meu cônjuge. Prefiro cortar uma amizade casual a cortar minha família e ferir todos nós. Com a ajuda fiel de seu espírito, entrego essas coisas a você e obedecerei. Em nome de Jesus, meu eterno noivo. Amém.

DIA 24
JÁ CHEGA!

> Pois, como já lhes disse repetidas vezes, e agora repito com lágrimas, há muitos que vivem como inimigos da cruz de Cristo. Quanto a esses, o seu destino é a perdição, o seu deus é o estômago, e têm orgulho do que é vergonhoso; eles só pensam nas coisas terrenas.
> — Filipenses 3:18-19

A mídia social foi um bom lugar para começarmos nosso jejum, mas é apenas a ponta do iceberg quando se trata do que consumimos, *on-line* e *off-line*. Há muito mais que devoramos. Seja ingerindo uma série de *memes* bobos, assistindo a episódios intermináveis de TV a cabo babando no *Pinterest* enquanto procuramos sobremesas decadentes ou comprando cada camiseta engraçadinha anunciada em um *post* patrocinado... todos nós ficamos com a barriga saliente, cheia de nada e de tudo ao mesmo tempo. Nosso problema não é a mídia social. Nem mesmo a Internet. Nosso problema é nosso apetite perpétuo por mais.

O apóstolo Paulo afirmou: "Pois, como já lhes disse repetidas vezes, e agora repito com lágrimas, há muitos que vivem como inimigos da cruz de Cristo. Quanto a esses, o seu destino é a perdição, o seu deus é o estômago, e têm orgulho do que é vergonhoso; eles só pensam nas coisas terrenas" (Filipenses 3:18-19). Embora eu não me considere uma pessoa que vive ativamente em oposição ao evangelho, eu me identifico com a ideia de que meu estômago é meu deus. Embora eu não queira que isso seja verdade, meu estômago metafórico muitas vezes é mais meu deus do que Deus. Quando ele pede mais disso ou mais daquilo, não tenho o autocontrole e o controle de Deus necessários para dizer não. Não ao meu celular, não a outra compra, não a um *brownie* que sobrou. A mídia social não é a única coisa a que recorro na tentativa de preencher os buracos em mim. Eu consumo, consumo e consumo... e sei que não estou sozinha.

Passamos a primeira metade desse jejum tirando os olhos do nosso consumo *on-line* em um esforço para consumir mais de Deus e para saborear as bênçãos vivas e respiráveis em nosso meio. No entanto, eu me pergunto se, ao levantar os olhos para a vida além do seu celular, você descobriu que está consumindo outras coisas com a mesma fome insaciável, tipo a comida que você come, as compras que faz, os filmes a que assiste...

Quando você para no Starbucks para tomar outra xícara de chá doce, seguido de uma ida ao Target, você pode ter alguns momentos de prazer e diversão, mas isso não dura. O consumismo, apesar de sua promessa de trazer satisfação pessoal, nunca traz. Mais roupas e livros também não podem atender às suas necessidades mais profundas. Todos os travesseiros que enchem uma cama não podem preencher seu coração quando seu estômago é seu deus. Não importa a quantidade de coisas que você enfia em sua casa, a quantidade de entretenimento que você oferece aos seus olhos ou a quantidade de bebida que você bebe, sua barriga ainda grita: "Eu quero, eu quero, eu quero...".

Uma vida de desejos nunca leva a uma vida satisfeita.

Esse jejum não tem tanto a ver com seus hábitos digitais quanto com sua fome habitual. Talvez seu consumismo tenha menos a ver com uma prateleira vazia e mais a ver com um eu vazio. Hoje eu o incentivo a considerar, em espírito de oração, a que mais você está recorrendo regularmente em vez de recorrer a ele. Todo jejum deve ser um "jejum de qualquer coisa", pois Deus revela as coisas que o impedem de ter a vida plena disponível em Cristo.

Talvez você não precise de um jejum de mídia social tanto quanto precisa de um jejum de compras. Não estou falando de deixar de comprar itens essenciais. Os sapatos das crianças precisam ser trocados, os mantimentos precisam ser reabastecidos, o papel higiênico acaba. Mas se *você* passar a vida gastando, acabará sendo gasto. Sempre consumindo, mas nunca satisfeito.

Considere, portanto, deixar de lado suas compras perpétuas (seja *on-line* ou na fila de sua loja favorita) pelos próximos dezesseis dias, e convide Deus a falar ao seu coração (e ao seu estômago) sobre como seus hábitos de compra podem precisar mudar mesmo depois que esse jejum terminar.

Aqui estão alguns limites simples que podem ajudar.

Orçamento. Muitas pessoas acham que um orçamento as ajuda a controlar seus gastos. Um orçamento tem funcionado para mim, mesmo em épocas em que eu podia justificar gastos maiores porque havia um pouco mais.

Também percebo que faço menos compras quando vou menos ao mercado. Não quero que meu estômago seja meu deus e, se vou ao supermercado toda vez que sinto o impulso, não é Deus que está controlando minha vida... mas, sim, meu apetite insaciável. É por isso que mantenho uma lista de compras à moda antiga em minha cozinha (embora às vezes eu a adicione como uma nota em meu celular quando estou fora de casa).

- Ovos
- Detergente para lavanderia
- Sacos Ziploc
- Xarope para tosse
- Bloco de notas com folhas tamanho A4...

Horário. Outra coisa que me ajuda a praticar o autocontrole é fazer compras de acordo com um cronograma. Uma rotina disciplinada nos impede de gastar e de viver de forma indisciplinada. Com a ajuda de um orçamento, uma lista de compras e um cronograma, será menos provável que você ceda a todos os impulsos. Se um impulso o dominar, domine-o imediatamente. Mantenha-o em cativeiro e espere um pouco. Não permita que ele tenha domínio sobre você. Você já tem um mestre.

Quando o alvo é seu alvo, você errará totalmente o alvo. É preciso mirar mais alto. Se você precisar de um jejum de compras de quarenta dias, vá em frente! A mesma pessoa que o convenceu a largar o celular pode ajudá-lo a largar o cartão de crédito também.

> *Senhor, o suficiente é suficiente! Estou pronto para viver como se o Senhor fosse suficiente. Toda vez que eu tiver vontade de comer mais, quero escolher ativamente "não mais". O Senhor é meu Deus, não meu estômago. Estou escolhendo viver como se isso fosse verdade! No nome gratificante de Jesus, amém.*

DIA 25
SABOREIE O SALVADOR

Como a corça anseia por águas correntes, a minha alma anseia por ti, ó Deus. A minha alma tem sede de Deus, do Deus vivo. Quando poderei entrar para apresentar-me a Deus?
— Salmo 42:1-2

Quando eu era criança, meus pais me levavam à igreja nas noites de terça-feira para o grupo de jovens. Jogávamos jogos, cantávamos músicas e ouvíamos uma lição bíblica. Algumas vezes por ano, a igreja convidava as famílias a chegarem cedo para um jantar de espaguete para toda a igreja. Potes de macarrão com molho de carne, travessas de pão de alho, tigelas de salada, jarras de limonada e panelas de *brownies* enchiam uma longa mesa. Essa é a única comida de que me lembro ter sido servida na igreja, exceto o suco de uva e os biscoitos na mesa da comunhão.

Acredito que é bíblico partir o pão juntos. Jesus comeu com seus discípulos, reclinando-se à mesa com aqueles que ele amava. Ele também se juntou aos pecadores ao redor da mesa. Quando as pessoas vinham ouvi-lo falar e se encontravam a quilômetros da cidade e sem comida, ele as alimentava. Ele também cozinhava. Uma das primeiras coisas que Cristo fez para seus discípulos após sua ressurreição foi preparar-lhes o café da manhã.

Alimentar uns aos outros é certamente um ato de amor. Uma das maneiras pelas quais minha mãe sempre demonstrou amor por seus filhos e netos foi cozinhando para nós. Ninguém faz frango assado e batata doce melhor do que minha mãe. Hoje em dia, transmito amor da mesma forma para minha família. Espero que você use parte do tempo que ganhou ao se afastar das redes sociais para se sentar à mesa com aqueles que ama.

Mas, com o passar dos anos, descobri que não cozinho apenas para demonstrar amor à minha família e aos meus amigos. Também cozinho para aliviar meu estresse e ansiedade. Quando estou sobrecarregada com o estresse familiar ou com os prazos do trabalho, corro para a comida para encontrar alívio. Tenho vontade de comer *cheesecake* e bebidas açucaradas. Isso também é algo contra que você luta?

Hoje quero convidá-lo a considerar se precisa abandonar seus hábitos alimentares no altar desse jejum. Você está comendo demais ou emocionalmente? Comendo para automedicar sua dor, mascarar sua solidão ou preencher algum outro vazio? Embora gostemos de comer, não queremos viver para comer. Até mesmo uma dieta de alimentos integrais pode nos distrair da obra santa que Deus quer realizar em nossa vida. Quando o alimento é nosso foco, perdemos uma vida focada em Cristo. É por isso que volto regularmente a esta oração: "Sonda-me, ó Deus, e conhece o meu coração; prova-me, e conhece as minhas inquietações. Vê se em minha conduta algo te ofende, e dirige-me pelo caminho eterno" (Salmos 139:23-24).

Durante nosso jejum anual de açúcar, pergunto regularmente às pessoas: "Para onde mais você está correndo em vez de a Jesus?". A resposta número um que ouço dos meus amigos em jejum é "mídia social". Agora, durante esse jejum de redes sociais, estou convidando você a considerar se você recorre à comida quando está triste, solitário ou entediado. É possível que seus hábitos alimentares espelhem seus hábitos *on-line*? O dia inteiro, checando e mordiscando. O dia todo, comendo sem pensar, rolando sem pensar. Você se esconde na despensa com um saco de granola, navegando pelo *Instagram*? Você se perde sem pensar em uma tigela sem fundo de batatas fritas e salsa, enquanto assiste a um programa após o outro à noite? Você se distrai com um celular em uma mão e um garfo na outra?

Se for o caso, saiba: a comida não é a resposta.

Lembre-se do que Cristo disse: "Venham a mim, todos os que estão cansados e sobrecarregados, e eu lhes darei descanso" (Mateus 11:28). A comida reconfortante é um triste substituto para o grande consolador. E, no entanto, a tendência de muitos de nós é correr para a comida em vez de correr para ele.

Em *Fome por Deus*, John Piper escreveu:

> Se você não sente um forte desejo pela manifestação da glória de Deus, não é porque bebeu profundamente e está satisfeito. É porque você já beliscou por muito tempo a mesa do mundo. Sua alma está cheia de coisas pequenas, e não há espaço para as grandes. Deus não o criou para isso. Há um apetite por Deus. E ele pode ser despertado. Convido-o a se afastar dos efeitos entorpecentes da comida e dos perigos da idolatria e a dizer com um jejum simples: "Isto, ó Deus, eu te quero".[1]

O objetivo desse jejum não é simplesmente se afastar das distrações, mas trocar essas distrações por uma devoção real na vida. Aguçar seu apetite por Deus para que você se volte para ele — e não para distrações *on-line*, comida, álcool ou qualquer outra coisa para satisfazer sua fome.

Todos nós, em graus variados, lutamos contra a tristeza da alma. É por isso que todos nós precisamos aprender habilidades de enfrentamento quando as águas tristes emergem. Automedicar a dor com uma taça de vinho, nicotina ou uma rápida passada pela janela do *drive-thru* do Starbucks nunca nos ajudará a longo prazo. Podemos sentir um alívio momentâneo, mas ele não dura. Cada vez que voltamos para o mesmo falso "enchimento", ele se torna mais parecido com um falso deus. Nunca foi função do açúcar nos fazer felizes. Nunca foi função da mídia social preencher nossa vida com relacionamentos profundamente satisfatórios. E nunca foi função do álcool ou da cafeína nos ajudar a superar os dias mais difíceis.

Você tem se automedicado para a dor, a solidão ou o tédio comendo demais? Muito antes de abrir sua primeira conta no *Facebook*, você já estava com a cara na despensa, procurando a resposta para cada pergunta triste? Será que abandonar seu vício em comida, durante esses dias restantes, ajudá-lo-ia a se libertar de outra fortaleza que o está impedindo de experimentar o forte domínio de Deus? Será que o jejum de petiscos pode aumentar sua fome e sede por ele? Quando você finalmente deixar de lado as coisas que usa para se automedicar, encontrará o grande médico fiel ao seu nome.

Comecei este capítulo compartilhando minhas lembranças dos nossos jantares de espaguete na igreja. Eram, de fato, momentos agradáveis de comunhão. No entanto, o Espírito Santo sabe do que mais precisamos: menos combustível alimentar, mais combustível santo. O missionário e evangelista Reinhold Bonnke escreveu certa vez: "Quanto menos Espírito Santo tivermos, de mais bolo e café precisaremos para manter a igreja funcionando".[2] Ao jejuarmos, lembremo-nos de que o objetivo do jejum é sempre o banquete em Cristo. Sejam quais forem as distrações das quais você abriu mão, o foco deve estar no que você está ganhando: devoção a ele. Se a comida é uma distração que atrapalha sua devoção, jejue de alguma forma também nos próximos quinze dias.

> Senhor, não quero me automedicar com comida ou com meu celular. Eu quero o Senhor, o grande médico. Ajude-me a desfrutar a dádiva de partir o pão com meus entes queridos, mas ajude-me a recorrer mais regularmente a você, o pão da vida. No nome gratificante de Jesus, amém.

DIA 26
CORAGEM LÍQUIDA

> Alguns confiam em carros e, outros, em cavalos, mas nós confiamos no nome do Senhor nosso Deus.
> — Salmo 20:7

Quando eu era criança, minha mãe acordava cedo e ligava a cafeteira. Depois colocava o *CD player* para tocar. O aroma rico dos grãos de café se misturava com os suaves solos de piano de George Winston, que passavam pelo corredor e que chegavam ao meu quarto de menina. Depois de preparar o café da manhã e de arrumar o almoço, mamãe entrava no meu quarto cantando "Rise and shine, and give God the glory...", com o aroma de café e creme doce em seu hálito.

Agora que tenho meus próprios filhos, toco a música de George Winston quando eles acordam. Preparo uma xícara de café para meu marido quando ele está quase no fim do banho, e canto o mesmo refrão de "Rise and shine" enquanto bato os ovos para as crianças. Quarenta anos depois, tanto os *CD players*, quanto a cafeteira de filtro da minha mãe, estão praticamente obsoletos. Hoje eu transmito música de um alto-falante sem fio em nossa cozinha, simplesmente dizendo "Alexa, toque a música de George Winston" enquanto coloco uma cápsula em nossa cafeteira Keurig. Algumas coisas mudaram, mas nossa rotina matinal e o amor do mundo pelo café não mudaram.

Somente nos últimos anos desenvolvi o gosto pelo café. No ano passado, durante meu jejum de açúcar anual de quarenta dias, senti-me levada a deixar minha xícara de café matinal ao lado dos meus doces.

Não pensei muito sobre isso. Sinceramente, não parecia ser um grande sacrifício. No entanto, fiquei chocada ao descobrir a rapidez com que meu corpo se acostumou com a energia que aquela única porção de cafeína me fornecia todas as manhãs. Os primeiros sete dias foram difíceis para mim! Mais do que me sentir miserável fisicamente, ao me desintoxicar de minha dependência, senti-me miserável emocionalmente. Eu estava triste — convencida de que havia me tornado dependente de algo que não era a força de Cristo para me fazer levantar e seguir em frente todas as manhãs.

Talvez você recorra ao café como sua principal fonte de força, ou talvez confie em alguma outra bebida para ajudá-lo a superar seus longos dias. Dr. Pepper no lugar do grande médico; chá doce no lugar da doce e permanente presença de Deus; um coquetel à tarde seguido de uma taça de vinho à noite quando o estresse se torna excessivo. Embora Cristo tenha nos convidado "Venham a mim, todos os que estão cansados e sobrecarregados", muitos de nós ainda recorrem a uma xícara de café forte diante do cansaço, como principal fonte de força.

Essa parte do nosso jejum tem menos a ver com mídia social e mais a ver com todo o resto. Há alguma outra coisa da qual você precise se desconectar para se conectar a Cristo? Talvez sua máquina de café seja sua tomada de recarga. Você se refere, em tom de brincadeira, ao seu "gotejamento" à moda antiga como seu gotejamento intravenoso, que o mantém vivo alguns dias. Sei que posso estar pisando em ovos, mas é bom fazermos isso. Se dependermos da cafeína ou de alguma outra bebida, confiando que ela pode nos dar aquilo de que precisamos para começar o dia, precisamos de um plano de batalha melhor. O Salmo 46:1-3 nos promete que Deus é nosso refúgio e nossa força, um auxílio sempre presente quando estamos em dificuldades. Como nosso refúgio, ele nos convida a nos escondermos nele, não atrás de nossas telas e **muito menos em uma garrafa**. Somos convidados a recorrer a ele como **nossa fonte de força** — de manhã, à tarde e à noite, para obter a coragem **contínua** de que precisamos para perseverar em nossos desafios diários.

Assim como se esconder no banheiro para ficar no *Facebook* não o ajudou a lidar com o estresse, mascarar a exaustão com a **bebida de sua** preferência também não lhe dará a ajuda de que precisa. O **diabo adora** quando você acha que a resposta para seu cansaço pode ser **encontrada** no Starbucks, e não naquele que pendurou as estrelas. **Satanás adora** quando você se serve de um drinque com gelo em vez de **fazer suas orações** sinceras àquele que disse "Eu lhes digo, (...) se eles se **calarem, as pedras clamarão**" (Lucas 19:40). Você está clamando a ele, **enquanto as** batalhas diárias acontecem ao seu redor; ou clamando **pela janela do** carro para o barista, enquanto pede outro café com leite?

Você precisa de mais do que coragem líquida, de mais **do que a força** e a resistência que a cafeína proporciona. Cada dia é uma **batalha que** exige um plano de batalha melhor. Preparar-se exige mais **do que *tomar cafeína***. É hora de confiar plenamente na força do Senhor **nosso Deus a** cada manhã. O Salmo 33:17 nos diz: "O cavalo é vã esperança de vitória; apesar da sua grande força, é incapaz de salvar".

Mesmo quando a cafeína fornece energia, e o álcool imita a **coragem**, eles não podem nos dar aquilo de que realmente precisamos. **Precisamos** de uma fé forte, não de uma xícara de café forte. **Precisamos parar de** procurar os grãos ou a bebida para nos tornar corajosos. Essa lição não é sobre café ou álcool, assim como esse jejum não é bem sobre **mídia social**. Trata-se inteiramente daquilo em que depositamos nossa confiança para passar nossos dias. Lembro-me de um meme engraçado que já circulou pela Internet algumas vezes, geralmente nas manhãs de **segunda-feira**:

"Eu preciso de café para me levantar, mas preciso me levantar para tomar meu café".

Embora uma xícara de café possa ajudá-lo a "levantar-se", não pode ajudá-lo a "brilhar" ou a "dar a Deus a glória". Precisamos da força de Deus para nos levantarmos, vencermos nossas batalhas diárias e vivermos nossos dias brilhando para ele. Em 1Crônicas 5:20, o povo de Deus enfrentou um inimigo literal. Em vez de clamar por outra xícara de café para dar-lhes a força e a coragem de que precisavam, "durante a batalha clamaram a Deus, que os ajudou, entregando os hagarenos e todos os seus aliados nas suas mãos. Deus os atendeu, porque confiaram nele".

Não vamos confiar em café, refrigerante, bebidas energéticas, álcool ou qualquer outra coisa que nos dê força para os dias que virão. Talvez, no restante desses dias de jejum, você possa optar por desligar a máquina de café e se conectar a Cristo como sua principal fonte de força. Com a ajuda dele, quando o Sol nascer, você também poderá se levantar, cantando "Levante-se e brilhe, e dê a Deus a glória".

> *Senhor, o Senhor é minha força e meu escudo, um socorro bem presente em tempos de angústia (Salmo 46:1-3). Estou optando por depender do poder que o Senhor fornece para me ajudar nas minhas batalhas diárias, em vez de em uma xícara de café pela manhã, uma bebida energética ao meio-dia e uma taça de vinho à noite. Obrigado por fazer com que isso tenha menos a ver com a mídia social e mais com o Senhor — encontrando tudo do que preciso no Senhor. No forte nome de Jesus, amém.*

DIA 27
ISSO NÃO É UM JOGO

> Guias cegos! Vocês coam um mosquito e engolem um camelo. Ai de vocês, mestres da lei e fariseus, hipócritas! Vocês limpam o exterior do copo e do prato, mas por dentro eles estão cheios de ganância e cobiça. Fariseu cego! Limpe primeiro o interior do copo e do prato, para que o exterior também fique limpo.
> — Mateus 23:24-26

Estava no meio de um jejum de açúcar de quarenta dias quando joguei meu primeiro jogo *on-line*. Eu tinha passado quase uma década com um *smartphone* antes de ceder. Embora meus filhos tivessem baixado alguns de seus jogos favoritos e os armazenado em meu celular para longas viagens de carro, eu nunca tinha sentido o mínimo desejo de jogar um — até que o fiz.

Foi um simples jogo de empilhar blocos verticais que me atraiu naquele dia. Uma brincadeira de criança, na verdade. Se fossem blocos de madeira de verdade, meus filhos teriam brincado com eles anos atrás, construindo sobre o tapete da sala de estar enquanto eu fazia o jantar. Ali estava eu, uma mulher adulta, encostada no balcão da cozinha, distraída da tarefa de descongelar peitos de frango. Três dias depois, eu estava no nível 37, ainda jogando aquele jogo ridículo.

Foi nesse dia que me deparei com a passagem acima, de Mateus 23. O versículo 24 foi particularmente difícil de engolir: "Guias cegos! Vocês coam um mosquito e engolem um camelo". Eu havia coado um mosquito de açúcar e engolido um camelo digital. Por três dias seguidos, eu havia perdido toda a razão do meu jejum, que era a barriga vazia. Abandonei o prazer temporário dos doces açucarados para poder desfrutar da doçura satisfatória do meu salvador, mas deixei que outra coisa me distraísse.

Condenada, apaguei o jogo do meu celular. No entanto, levei dias para parar de ver o contorno dos blocos caindo no lugar para onde quer que eu olhasse. Alguma vez você já olhou para uma palmeira contra um céu azul brilhante e depois fechou os olhos e descobriu que ainda conseguia ver a silhueta? Foi assim com aqueles blocos bobos que caíam. Eu os via em toda parte. Eu os via na estrada enquanto dirigia, nos rostos dos meus filhos, nos azulejos do supermercado — e, quando fechava os olhos para dormir à noite, ainda os via. Meus olhos haviam se acostumado com o que estavam vendo. Meus ouvidos também haviam memorizado a melodia alegre que acompanhava o jogo. Meus olhos, ouvidos e imaginação continuaram a se distrair, muito depois de eu ter parado de jogar. Durante dias, eu estava vendo minha vida real pelas lentes daquele jogo bobo.

Embora essa tenha sido uma experiência bizarra, a realidade é que estamos sempre vendo a vida por uma lente ou outra — e aquilo em que mais nos concentramos se torna nossa visão de mundo. Ela molda o que vemos e como vemos — quem somos e como vivemos. Por meio dessa lente, interpretamos tudo e todos ao nosso redor. Quando passamos a vida jogando jogos bobos, é difícil levar a sério nosso trabalho. Quando fazemos do entretenimento nossa meta, esquecemos as coisas que deveriam ser metas. Se você tem um filho ou um cônjuge que joga, provavelmente já o ouviu exclamar: "Ah, esqueci...". O que quer que fosse para fazer, eles se esqueceram de fazer.

No entanto, quando nossos olhos estão fixos em Cristo, lembramo-nos do que é mais importante: amar a Deus, amar os outros. Nessa seção de nosso jejum, continuemos a olhar para cima a fim de descobrirmos as coisas além da mídia social que nos distraíram de nossa devoção a Deus e aos outros. Em que seus olhos têm se fixado? O que temos visto molda o que veremos.

Se você passou anos sendo maltratado e fixou seus olhos em cultivar uma raiz de amargura em seu coração, pode ter a tendência de ver um mundo amargo e de reagir com amargura às pessoas ao seu redor. Se, enquanto crescia, seus olhos viam rostos contorcidos de raiva, e seus ouvidos ouviam uma triste sequência de insultos e abusos verbais, é provável que você encontre, com a guarda levantada, as pessoas com quem convive, preparado para uma briga.

Os *videogames* não podem consertar tudo isso, mas Cristo pode quando fixamos os olhos nele. Quando nossos olhos estão fixos no amor extraordinário de Cristo, olhamos para o mundo e vemos oportunidades de amar como ele ama. Olhar para Cristo nos prepara para viver como Cristo.

Oh, ser moldado por Cristo! Manter nossos olhos nele e ver como ele vê! Ver a nós mesmos como ele nos vê, e ver o mundo como ele vê seu mundo: repleto de oportunidades para amar e servir. O jejum de estímulos visuais *on-line* deve estimular os olhos de nosso coração. Esse tipo de jejum nos dá olhos frescos para ver não apenas nosso salvador, mas também aqueles que o salvador vê. Já disse isso antes e vou repetir: é quase impossível ver os outros com o nariz enfiado no celular. Esta é sua única vida real. *Não é um jogo!*

Se você realmente quiser "subir de nível", olhe para cima! Desligue seus jogos. Isso não quer dizer que a vida não será divertida. Não. A obra do pai é divertida. Não é um tipo de diversão *on-line* sem sentido, mas uma aventura na vida real de viver como Cristo, ver como Cristo, amar como Cristo. A palavra *cristão* é traduzida literalmente como "pequeno Cristo". Você, cristão, carrega a imagem de Cristo. Viva como ele.

Não vamos entrar em um jogo cristão, meu amigo. Não sejamos hipócritas, chamando-nos de seguidores de Cristo apenas para nos escondermos atrás de uma tela, sem sermos vistos, encenando o papel em público, mas passando horas jogando em particular. Qual é o objetivo de sua única e preciosa vida? Se você testemunhou Cristo, é hora de se tornar sua testemunha no mundo. Cristo exibido em você — vivendo, movendo-se e fazendo o que ele quer (Atos 17:28). Essa é uma vida sem hipocrisia.

E não sejamos fariseus, com todo o conhecimento de Cristo, mas sem o amor de Cristo.

Os fariseus jogavam um tipo diferente de jogo — um jogo sem amor, absorvido por si mesmo. Eles não viam ninguém além de si mesmos. Suas lentes estavam embaçadas; seus olhos, distraídos. Estavam tão concentrados na lei, que não viam aquele que cumpriu a lei com seu amor. O jogo deles é um jogo que não queremos jogar. Não estou falando agora do Candy Crush, mas, sim, do jogo esmagador de encenar o papel sem desempenhar o papel. Qual é o papel? Seguir a Cristo.

Deus está nos convidando a erguer a cabeça e os olhos para seu exemplo: *Ame-me. Ame os outros.* Não devemos professar que seguimos a Cristo e nos recusar a segui-lo de fato. Siga Cristo de verdade, e sua vida proclamará isso! Fixe seus olhos nele por tempo suficiente, e ele se tornará o padrão que você verá em todos os lugares para onde olhar.

Olhe para cima e continue olhando para cima. Quanto mais tempo você olhar para ele, mais ele se imprimirá nos olhos de seu coração. Se você deixou de lado seus jogos, agora é hora de começar a vida real que ele tem para você. À medida que ele se torna sua visão, que ele se torne a visão de sua vida. Ao testemunhá-lo, que você se torne uma testemunha dele.

> *Querido Senhor, não quero filtrar o mosquito da mídia social apenas para engolir o camelo dos jogos on-line ou de qualquer outra coisa. O Senhor tem toda a minha atenção agora. Meus olhos estão em você. Você é a lente pela qual quero ver. Que o testemunho de sua vida molde minha vida e me torne sua testemunha. Espírito Santo, ajude-me a deixar de lado essas distrações digitais para que eu possa crescer em devoção a você e àqueles a quem você se dedica. Em nome de Jesus, amém.*

Casada com um gamer?

Há alguns anos, Matt e eu nos inscrevemos para ser um casal de mentores em um curso da escola dominical para recém-casados, em nossa igreja. Desde a primeira aula, uma coisa ficou clara: muitos casais jovens estavam tendo dificuldades que nós nunca tivemos. Muitos dos maridos passavam horas por dia jogando *videogame on-line* com amigos. Eles pareciam ter mais ambição de subir de nível em seus jogos do que de "subir de nível" em suas carreiras, e de ganhar prêmios virtuais em vez da atenção e do afeto de suas cônjuges.

Se você é casada com um *gamer* e isso causa estresse em seu casamento, use esses dias de jejum para pedir a Deus que fale e que transforme essa área da vida de seu cônjuge. Comprometa-se a domar seus pensamentos e suas palavras pelo resto desses quarenta dias, enquanto leva suas preocupações ao Senhor. Talvez então, quando o jejum terminar e estiver pronta para compartilhar o que aprendeu e as escolhas que espera fazer daqui para frente, você possa convidar seu cônjuge a considerar os efeitos dos jogos na vida familiar. Convide-o a deixar os jogos de lado por quarenta dias e veja por si mesma como o olhar para o céu pode permitir que ele "suba de nível" em casa. Um jejum de jogos pode ser exatamente aquilo de que vocês dois precisam para crescer em intimidade juntos e com o Senhor.

DIA 28
DISTRAÇÕES DE *STREAMING*

> Nunca adore nenhum outro deus, porque o Senhor,
> cujo nome é Zeloso, é de fato Deus zeloso.
> — Êxodo 34:14

Depois que me formei na faculdade, mudei-me para um pequeno apartamento em North Hollywood, pronta para seguir minha carreira de atriz. A vida era um borrão movimentado de servir mesas e testes. Quando me lembro dessa época da minha vida, posso ouvir a trilha sonora daqueles dias: Faith Hill, Steven Curtis Chapman, Indigo Girls, Etta James, Amy Grant... A música era minha colega de quarto, e ela era tagarela. O despertador no meu criado-mudo tocava uma música, e a música continuava até eu sair de casa e entrar no carro. Quando eu girava a chave na ignição, e o carro ganhava vida, a estática do rádio zumbia por um momento e, em seguida, uma nova música enchia meu carro e tentava me encher também. Sempre havia música.

Não que houvesse algo de errado com a música que eu estava ouvindo. Na verdade, meu rádio estava sempre sintonizado em uma estação cristã. O problema é que eu não estava nem de longe tão dedicada a ouvir Cristo. Quando as músicas de louvor o impedem de ouvir aquele que você está louvando, há um problema. Eu tinha um problema.

Com toda aquela cantoria, eu estava sentindo falta daquele que estava cantando para mim. Sofonias 3:17 nos diz: "O Senhor, o seu Deus, está em seu meio, poderoso para salvar. Ele se regozijará em você, com o seu amor a renovará, ele se regozijará em você com brados de alegria".

Essa era a canção de amor que eu havia parado de ouvir quando corria para o rádio. Foi por isso que jejuei da música. Eu havia me tornado dependente do barulho que estava abafando a canção de Deus que eu precisava desesperadamente ouvir. Por isso, disse não à música no carro e não à música durante as refeições, para que eu pudesse ouvir o Senhor no silêncio.

Hoje em dia, estamos conectados em todos os lugares, o que torna a conexão com nosso salvador mais difícil do que nunca. Estamos conectados ao som *surround*, o que torna difícil ouvir o som da canção simples de nosso salvador. Todos os momentos estão cheios de vozes, e elas tendem a encobrir a voz doce e serena que mais importa. Até mesmo as músicas de louvor podem anular o silêncio necessário para um momento íntimo de louvor particular. A música de adoração é maravilhosa — a menos que nunca fiquemos quietos o suficiente para adorá-lo em nosso coração. Não estou sugerindo que você precise jejuar da música de adoração, mas também não estou dizendo que não precisa. Estou apenas lhe lembrando de que nosso Deus é um Deus ciumento (Êxodo 34:14). Ele tem ciúmes de nosso tempo e atenção. Ele quer nossos olhos nele e nossos ouvidos abertos e atentos à sua voz. Ele está desesperado para que estejamos desesperados por ele. Antes de tudo e acima de tudo, ele quer que o amemos mais (20:3).

Eu o amava muito naquela época. Eu o amo ainda mais agora.

No entanto, há mais distrações do que nunca nos dias de hoje, competindo por nossa devoção. Naquela época, ninguém nunca tinha ouvido falar de *streaming*. Não havia *podcasts*, nem aplicativos para assistir a filmes ou programas de TV. Não havia *downloads* digitais. Meu único celular era conectado à tomada. Eu tinha uma televisão com treze canais e uma antena daquelas que parecem orelha de coelho.

Eu não tinha TV a cabo, apenas um aparelho de VHS e uma assinatura da Blockbuster Video.

As coisas estão muito diferentes agora. Hoje de manhã, ouvi meu marido pedir aos nossos filhos que organizassem nossos DVDs e que separassem uma ou duas sacolas deles para doação. Eu me preparei para uma briga, pois sei o quanto nossos filhos adoram seus filmes, mas eles começaram a trabalhar sem dificuldade. Fiquei surpresa no início, mas depois percebi que meus filhos sabem que poderão encontrar todos os seus filmes favoritos no *streaming*.

As crianças de hoje assistem a muita TV. Eu achava que minha geração assistia, mas naquela época tínhamos que esperar até quinta-feira à noite para assistir ao último episódio de nosso programa favorito. Se perdêssemos o episódio, já era. Se precisássemos ir ao banheiro, esperávamos até o intervalo comercial. Ainda posso ouvir meu irmão gritando: "Rápido! Está voltando do comercial". Minha ideia de assistir à televisão era correr da escola para casa todas as tardes, para assistir às reprises de *Little House on the Prairie*. Hoje em dia, as crianças podem usar fones de ouvido sem fio sob os capuzes; nós nem saberíamos se elas estariam ouvindo incessantemente músicas e *podcasts*.

Não se trata da geração mais jovem. O problema para todos nós é que, se estivermos enchendo nossos olhos e ouvidos com um fluxo constante de entretenimento — seja música, programas de televisão, filmes ou *podcasts* —, estaremos nos envolvendo em apenas outra forma de consumismo. Estamos buscando distrações de *streaming* para nos preencher, em vez de buscarmos o único que realmente pode.

O que está te impedindo de ter a vida plena disponível em Cristo? O que mais, além do seu celular, você precisa deixar de lado? É música? *Podcasts*? Programas de TV? Filmes? TED Talks? Se os *reality shows* o distraírem da realidade de sua própria vida; se os comentaristas esportivos falarem sobre os momentos do seu dia mais do que Deus; se as histórias de amor fictícias o distraírem de sua própria história de amor com os personagens reais de sua vida... faça uma pausa.

Pressione *pause* em sua forma favorita de entretenimento. Tire os fones de ouvido e desligue o *Spotify*, o *Snapchat* e o *Amazon Prime*. Faça uma pausa nessas distrações e dê a Deus toda a sua atenção, seus olhos, ouvidos e imaginação. Ele tem ciúmes e zelo por você. Embora o zelo dele tenha a ver com a comunicação do amor dele por você, o ciúme dele tem tudo a ver com o desejo de ter seu amor em troca.

Quando você pausar essas distrações, estará dando *play* na única vida muito real que lhe foi dada. Lembre-se de que não se trata apenas de um jejum de mídia social; esse jejum tem a ver com deixar de lado tudo o que estiver atrapalhando a audição da canção de amor dele e cantá-la de volta para ele!

> *Querido Senhor, obrigado por se deleitar em mim; eu também quero me deleitar em você. Obrigado por cantar sobre mim. Quero ouvir sua canção de amor mais do que qualquer outra canção que entre em minha casa e em meu coração. Quero que sua história de amor seja a única história à qual eu volte, dia após dia, noite após noite. Se eu for assistir a alguma coisa, que seja seu rosto, sua Palavra e sua história que se desenrola em minha vida. Não quero perder minha vida real com você por estar assistindo a personagens fictícios vivendo vidas fictícias. Não quero perder a realidade do Senhor porque os reality shows preenchem meus dias. O Senhor é a água viva, a única coisa que flui e que me saciará. Em nome de Jesus, amém.*

DIA 29

EXTRA! EXTRA! LEIA TUDO SOBRE ISSO!

"Eu lhes disse essas coisas para que em mim vocês tenham paz. Neste mundo, vocês terão aflições; contudo, tenham ânimo! Eu venci o mundo."
— João 16:33

Em 29 de abril de 1992, eu estava chegando ao final do meu último ano do Ensino Médio. Eu estava estudando em uma escola particular perto do Centro de Los Angeles, e tinha um trajeto de uma hora todos os dias. Naquela tarde em particular, todos os alunos receberam a notícia de que havia ocorrido um tumulto em todo o condado. Não foi dado nenhum motivo, apenas a instrução de permanecer no campus. Ninguém deveria deixar o prédio.

Um grupo nosso se dirigiu a um corredor adjacente, onde havia uma TV pendurada. Um aluno arrastou uma cadeira de uma sala de aula próxima até o corredor. Esperamos em silêncio enquanto ele subia e ligava a TV. Imediatamente, imagens de caos encheram a tela. Jovens carregavam televisores pelas janelas quebradas das lojas, e mulheres gritavam com policiais, que tentavam colocar ordem no caos. Lembro-me de ouvir as palavras dos apresentadores do noticiário:

> Os tumultos começaram em resposta à absolvição, nesta tarde, dos três policiais que haviam sido acusados de brutalidade... Há pouco mais de um ano, eles quase espancaram até a morte o operário de

construção civil Rodney King... O chefe de polícia da LAPD, Daryl Gates, está pedindo a todos os residentes que permaneçam em casa... A Guarda Nacional está montando um quartel-general no Beverly Center, em Beverly Hills...

O escritório da minha mãe ficava a apenas alguns quarteirões do shopping Beverly Center, então corri pelo corredor até um telefone público, procurando uma moeda. Minha ligação foi direto para a caixa postal. Em seguida, tentei ligar para casa e caí na secretária eletrônica três vezes seguidas. Sem saber o que fazer em seguida, voltei para a sala onde minha turma estava esperando por mais instruções.

O medo era palpável. Algumas meninas estavam chorando, muitos meninos estavam com raiva, e debates acalorados surgiam à medida que a notícia da absolvição se espalhava. No canto da sala, um pequeno grupo de alunos sentou-se em silêncio em um círculo, de mãos dadas, com a cabeça baixa. Quando me aproximei de sua reunião de oração, eles abriram espaço para mim. Oramos pela cidade. Oramos pela paz. Oramos para que as relações raciais fossem curadas e para que os erros fossem corrigidos. Acima de tudo, reconhecemos Jesus como Senhor e pedimos a ele que trouxesse paz ao caos do mundo. Foi um momento simples de oração. Em seguida, cantamos "Great Is Thy Faithfulness" e "It Is Well with My Soul".

Depois de nos abraçarmos, peguei minha mochila e saí do prédio em direção ao meu carro no estacionamento. Não foi a coisa mais inteligente que já fiz, mas consegui. Saí da escola e peguei a rodovia que todos os repórteres haviam dito para evitar. Enquanto me dirigia para casa, com os incêndios surgindo nos prédios dos dois lados da rodovia, continuei a orar pela minha cidade e pela minha mãe.

A casa estava vazia quando cheguei, então liguei a TV para ver as últimas notícias. O telefone tocou. Era minha amiga April. Ela e eu fazíamos parte de uma coalizão de estudantes locais que protestava pacificamente contra a injustiça racial. Juntas, havíamos marchado pela liberdade de Mandela, feito cartazes e escrito cartas para políticos. Nós nos considerávamos hippies em dias pacíficos e cruzados em tempos de injustiça. Como uma mulher negra de dezessete anos, April estava com raiva do juiz e do júri, e estava com raiva dos homens e mulheres negros que estavam expressando sua raiva com violência. Ela estava simples e esmagadoramente irritada. Quando sugeri que orássemos juntas, ela cuspiu "Estou com muita raiva para orar!" e desligou o telefone.

Foi quando minha mãe entrou carregando muitos mantimentos em um braço. Ela havia parado em uma loja que estava aberta e funcionando pacificamente e pegado aquilo de que achava que poderíamos precisar para os próximos dias.

Minhas lembranças daquele dia permaneceram vivas por quase trinta anos. As imagens na TV, as notícias atualizadas, as orações feitas no canto da minha sala de aula do Ensino Médio, os incêndios e o chamado de April. Mas, acima de tudo isso, lembro-me de uma paz em meu coração que transcendeu o caos em minha cidade. Deus estava em seu trono. Ele permaneceu soberano e bom. Naquela época, senti-me convicta (e continuo me sentindo confortada, pois continuamos a enfrentar a desigualdade racial e a agitação hoje em dia) de que esta promessa bíblica era verdadeira: "Neste mundo, vocês terão aflições; contudo, tenham ânimo! Eu venci o mundo" (João 16:33).

Não estou sugerindo que não precisemos nos preocupar com o caos que vemos ao nosso redor. Não estou sugerindo que não façamos petições e que não nos oponhamos ao mal. No entanto, nossa compreensão da bondade e do amor de Deus deve ser o alicerce sobre o qual nos apoiamos, com nossos celulares na mão e um fluxo de notícias que nos bombardeiam o tempo todo.

Como um Deus bom pode permitir tal maldade? Como um Deus misericordioso pode permitir tamanho sofrimento? Essas são boas perguntas. E elas são comumente feitas tanto por cristãos, quanto por descrentes quando pandemias fecham países inteiros, tsunamis arrasam vilarejos inteiros e assassinos ficam livres. Onde está Deus quando um projeto de lei permitindo abortos é aprovado? Onde está Deus quando a exploração sexual está em um nível altíssimo? Com mais de cinquenta *mil* mulheres jovens sendo traficadas somente nos Estados Unidos a cada ano, onde está Deus?[1]

Eis o que sabemos ser verdade, com base no evangelho: Deus ama o mundo e cada pessoa que o habita. Seu amor é expansivo, e suas emoções, ternas. Ele veio para vencer as trevas com seu amor e luz, e, quer pareça, quer não, foi bem-sucedido! Quando Deus enviou seu filho para a confusão da humanidade para nos redimir de nossos maus caminhos, Jesus venceu! Cristo venceu o pecado de cada pessoa na cruz e depois ressuscitou, de modo que todos os que levantam a cabeça e acreditam na obra redentora de Cristo são perdoados e livres para viver perdoados e livres. No entanto, também é verdade que, embora possamos viver livres das penalidades do nosso pecado, ainda estamos ao alcance dos golpes pecaminosos dos outros.

Efésios 6:12 nos diz que "nossa luta não é contra pessoas, mas contra os poderes e autoridades, contra os dominadores deste mundo de trevas, contra as forças espirituais do mal nas regiões celestiais". Como o diabo continua a enganar, tentando construir uma "base de operações" na vida das pessoas, devemos ver a batalha contínua com olhos espirituais.

Temos uma escolha todos os dias, toda vez que uma manchete de jornal traz uma má notícia. Podemos tentar responder às difíceis questões do pecado e do sofrimento com a ajuda das Escrituras, ou podemos tentar entendê-las com a ajuda das notícias. É isso que as notícias mais populares de hoje esperam que você faça. "EXTRA! EXTRA! Leia tudo sobre isso!" Mas, em vez de percorrer os *feeds* de notícias, considere ler uma fonte de notícias diferente primeiro. Do que precisamos, mais do que as notícias, é a boa-nova.

Não estou sugerindo que você permaneça ignorante em relação ao que está acontecendo no mundo. Estou simplesmente recomendando que você estabeleça prioridades. Quando as notícias do mundo moldam sua visão de mundo, você verá a boa-nova à luz das trevas do mundo. Entretanto, se a boa-nova for sua lente, todo o sofrimento humano, os debates políticos, os tabloides sensacionalistas, os desastres naturais e os assassinatos em massa serão mais bem compreendidos à luz da sua Palavra.

Precisamos ver o mundo por meio de uma lente bíblica em vez de ver as Escrituras por meio dos óculos distorcidos do mundo. Se você ainda não silenciou as notificações de notícias em seu celular, impedindo que as manchetes apareçam na tela, reserve um momento para ir até as configurações do seu celular e para fazer isso agora. Talvez você as mantenha ocultas, em vez de em destaque, quando retornar aos seus dispositivos *on-line*. Escolha fazer com que sua principal fonte de notícias seja a Palavra de Deus, não as palavras de comentaristas como os da CNN ou da FOX — não por quarenta dias, mas por todos os seus dias. Quando você souber o que acredita ser verdade sobre Deus, estará pronto para enfrentar o mundo.

> Senhor, à luz desta escuridão atual, estou escolhendo manter meus olhos em você, a luz do mundo. Ajude-me a filtrar todas as más notícias por meio da boa-nova do seu amor eterno. Tentar compreender sua bondade por meio do triste filtro do mundo não funciona. No sempre bom nome de Jesus, amém.

DIA 30
PEQUENAS RAPOSAS

> Apanhem para nós as raposas, as raposinhas que estragam as vinhas, pois as nossas vinhas estão floridas.
> — Cântico dos Cânticos 2:15

Passamos os últimos dias pensando no que mais nos distrai de vivermos uma vida de devoção a Deus com as pessoas preciosas que estão bem à nossa frente. De guloseimas a chás doces, de uma xícara de café matinal a uma taça de vinho à noite, a jogos *on-line*, músicas, filmes e notícias de última hora... Tudo isso parece ser algo pequeno e inofensivo. Entretanto, quando dedicamos a elas muito de nosso tempo e atenção, essas pequenas coisas podem se tornar grandes fortalezas em nossa vida. Considere o tamanho real de seu celular; é óbvio que as coisas pequenas podem se tornar grandes se não tomarmos cuidado. Muito grandes e muito consumidoras.

Meu celular, *laptop* e *sites* de mídia social são mais importantes para mim do que deveriam. Embora tenham começado como ferramentas que eu possuía, eles acabaram me possuindo. O que era para eu dominar acabou me dominando. O jejum desses semideuses digitais permite que eu abandone esses pequenos mestres para concentrar minha vida no mestre.

Recentemente, ouvi alguém dizer que os alunos do Ensino Médio de hoje se estressam mais só de pensar que a bateria do celular está acabando do que quando se preparam para uma entrevista de emprego. Já vi adultos em pânico no aeroporto, procurando uma tomada para carregar seus celulares antes de um voo. Não são apenas os jovens que enfrentam dificuldades hoje em dia, mas todos nós nesta era digital. As coisas grandes se tornaram coisas pequenas, e as coisas pequenas agora são grandes demais. Estamos presos às nossas coisas e não conseguimos nos libertar.

O autor e teólogo norueguês Ole Hallesby escreveu: "O propósito [do jejum] é afrouxar até certo ponto os laços que nos prendem ao mundo das coisas materiais e ao nosso ambiente como um todo, a fim de que possamos concentrar todos os nossos poderes espirituais nas coisas invisíveis e eternas".[1] Quer você tenha pegado este livro com a ideia de fazer uma pequena pausa nas distrações digitais ou uma pausa permanente, o propósito desse jejum é romper os laços que nos prendem aos nossos pequenos mestres, para que possamos ficar livres para olhar para cima e experimentar o mestre. O jejum funciona como uma cerca, retendo todas as pequenas coisas temporárias para que possamos viver sem distrações, capazes de desfrutar da grandiosa e eterna presença de Deus.

Se você já cultivou uma horta e colocou uma cerca ao redor de suas verduras tenras, sabe o que quero dizer quando digo que os bichinhos devem ficar fora do canteiro de morangos. Se eles estiverem dentro do jardim, tudo estará perdido. O mesmo acontece em nossa vida. O mundo *on-line* não é bem-vindo quando minha família está jantando ou quando estou com um amigo da vida real. O mundo *on-line* não é bem-vindo em meus encontros com meu marido ou em nossa cama. O mundo *on-line* não é bem-vindo quando estou ensinando meus filhos em casa ou desfrutando de um descanso sabático. O jejum é uma barreira de curto prazo, mas o estabelecimento de limites de longo prazo nos mantém seguros e protegidos em nosso jardim pessoal. Os limites em torno de nosso mundo *on-line* protegem nosso mundo da vida real. Sem limites, saímos correndo atrás de cada pequena notificação que aparece durante todo o dia! Ficamos desprotegidos e não temos consciência da ruína que está ao nosso alcance.

Sua vida é um jardim precioso, destinado a dar frutos florescentes, mas você tem um inimigo que adora corroer o que você produz. Ele gosta de entrar furtivamente no terreno particular de sua vida enquanto você está distraído com outras coisas. Por isso, é crucial usar parte do seu tempo para considerar como você quer que sua vida seja depois desses dias de jejum. No final do jejum, compartilharei com você alguns dos meus limites pessoais; mas, enquanto isso, quero que você pense em alguns dos seus próprios limites.

Em um dos menores livros da Bíblia, o Cântico dos Cânticos, o autor pinta um belo quadro de como o Senhor nos persegue apaixonadamente em busca de um relacionamento íntimo com ele e de como devemos amá-lo de volta, mesmo que isso exija dizer não ao amor que este mundo nos oferece. É nesse contexto que encontramos a passagem de hoje: "Apanhem para nós as raposas, as raposinhas que estragam as vinhas, pois as nossas vinhas estão floridas" (Cântico 2:15). As raposinhas estragam os vinhedos. Pequenas coisas, com o tempo, têm o poder de arruinar grandes coisas.

Às vezes, são as menores criaturas que causam os maiores danos no jardim de nossa vida. Muitas vezes, nós as deixamos entrar e permanecer por muito tempo porque são muito pequenas. Sei que em meu casamento, em minha maternidade e em meus pensamentos, os menores problemas muitas vezes levaram às minhas maiores dificuldades. Permitir muitas noites sem uma comunicação clara entre mim e meu marido causou falhas de comunicação e feridas profundas. O cansaço de ser consistente com meus filhos permitiu que eles formassem maus hábitos com a lição de casa e as tarefas domésticas. Um programa noturno se transforma em "maratonar" uma temporada inteira. Uma xícara de café pela manhã de repente se torna a principal fonte de força durante todo o dia. Quando coisas aparentemente pequenas levam a coisas grandes, pequenas distrações levam a grandes destruições. Ao longo do tempo, com frequência cada vez maior, as pequenas raposas fazem uma bagunça em nossa vida.

Em geral, uma pessoa não perde o hábito de ler a Bíblia diariamente por não o ter feito em um dia. É uma série de dias, todos seguidos. O mesmo acontece quando faltamos muitos domingos à igreja. A comunhão semanal, como já discutimos, edifica o corpo como um todo e fortalece cada parte individual ao mesmo tempo. Então, por que nos afastamos se isso é tão bom para nós? Bem, geralmente começa pequeno, com um prazo de trabalho ou um fim de semana fora, talvez seguido por uma dor de garganta ou uma casa cheia de convidados. Um domingo de cada vez e, antes que percebamos, nossa frequência à igreja cessa completamente. Seja cauteloso. Proteja o jardim de sua vida, mantendo as coisas grandes nas coisas grandes e as coisas pequenas nas coisas pequenas. Mantenha o mestre como mestre e não deixe que as coisas que você possui possuam você.

A *nomofobia* descreve o medo que nossa cultura tem de se separar de nossos celulares. Com apenas cerca de 15 cm de comprimento e 5 cm de largura, pesando apenas 90 gramas, esses minimestres ameaçam roubar nossa paz. A ideia de que eles venham a pifar quase nos mata! Uma maneira infalível de descobrir se um semideus digital (ou qualquer outra coisa) ainda está sentado no trono de sua vida é fazer a si mesmo estas perguntas: "Uma bateria descarregada me mataria? Como eu reagiria se perdesse meu celular e tivesse que deixar recados sem ele?".

Se você não pudesse tomar uma xícara de café por quarenta dias, teria grandes dificuldades? Deixar de beber vinho faria com que você se lamentasse? Uma semana sem jogos faria com que sua vida real não fosse nada divertida?

Proteja o jardim de sua vida de fé, sua vida familiar e sua vida real, reconhecendo as raposinhas que se instalaram em sua casa. As raposinhas são mais do que um pouco perturbadoras.

> *Mestre Jesus, eu quero que o Senhor seja a maior coisa em minha vida! Mas todos os quadradinhos e retângulos no Instagram e todos os minutos que passo navegando por eles se somam e o excluem — todos os pequenos "pings" e toques o abafam. O café me dá força para que eu não me volte para você, e o entretenimento me distrai, por horas a fio, para que eu nem perceba o quanto me afastei. Ajude-me a construir uma cerca em torno de minha vida, Jesus, antes que esses dias de jejum terminem. Estou pedindo em seu nome, amém.*

DIA 31
JEJUM DE *SELFIE*

> Esforcem-se para ter uma vida tranquila, cuidar dos seus próprios negócios e trabalhar com as próprias mãos, como nós os instruímos; a fim de que andem decentemente aos olhos dos que são de fora e não dependam de ninguém.
> — 1Tessalonicenses 4:11-12

Duas décadas atrás, minha professora da escola dominical me deu uma lição que nunca esqueci. Ela começou pedindo a todas nós, crianças, que apontássemos para outra pessoa na sala. Estendemos nossos dedinhos apontando umas para os outras, rindo. Ela então observou que algumas de nós estavam com o polegar para cima, mas, outras, não. "Todos levantem o polegar e continuem apontando", disse ela, e depois continuou: "Se olharem para sua mão agora, verão que seu polegar está apontando diretamente para cima, na direção de Deus". Ela nos fez o sinal do polegar para cima. "Bom trabalho! Esse é sempre o mais importante, porque ele recebe nosso primeiro amor e atenção. O próximo dedo é o indicador, e ele está apontado para longe de você, na direção de outra pessoa. Isso também é importante, porque Deus nos disse que, se o amarmos, amaremos os outros."

Minha professora continuou a compartilhar mais uma lição valiosa. Ela nos disse para olharmos para os outros dedos ocultos enrolados em nossas mãos. "Esses são os que estão apontando de volta para você. Amar a si mesmo é importante, porque Deus acha que você merece ser amado, mas nosso amor-próprio é algo que deve permanecer em silêncio e em particular, não em cima e em público para que todos vejam."

Como já falamos sobre amar a Deus em primeiro lugar e aos outros em segundo, quero me concentrar agora nessa ideia de permanecer oculto. Viver uma vida privada é terrivelmente difícil neste mundo tão público e obcecado por si mesmo. Postamos sobre nós mesmos e usamos filtros para nos fazer parecer ainda melhores do que somos. No entanto, Deus não se impressiona conosco tanto quanto nós nos impressionamos com nós mesmos. Ele nem mesmo se impressiona com o espetáculo de nossa vida religiosa. Dê uma olhada nesta passagem de Miquéias 6:

> Com que eu poderia comparecer diante do Senhor e curvar-me perante o Deus exaltado? Deveria oferecer holocaustos de bezerros de um ano? Ficaria o Senhor satisfeito com milhares de carneiros, com dez mil ribeiros de azeite? Devo oferecer o meu filho mais velho por causa da minha transgressão, o fruto do meu corpo por causa do meu próprio pecado? Ele mostrou a você, ó homem, o que é bom e o que o Senhor exige: pratique a justiça, ame a fidelidade e ande humildemente com o seu Deus. (Miquéias 6:6-8)

Tudo o que Deus quer é que sejamos gentis e justos com os outros ao caminharmos humildemente com ele. Ninguém mais precisa ver isso. Embora Shakespeare tenha dito "O mundo todo é um palco", a paráfrase da mensagem a seguir começa com o título "O mundo não é um palco".

Tenha um cuidado especial quando estiver tentando ser bom, para não fazer disso um espetáculo. Pode ser um bom teatro, mas o deus que o criou não irá aplaudir.

Quando fizer algo por outra pessoa, não chame a atenção para si mesmo. Tenho certeza de que você já os viu em ação — eu os chamo de "atores" —, tratando a reunião de oração e a esquina da rua como um palco, agindo com compaixão enquanto alguém está assistindo, jogando para a multidão. Eles recebem aplausos, é verdade, mas é só isso que recebem. Quando você ajudar alguém, não pense em como isso parecerá. Simplesmente faça — silenciosa e discretamente (Mateus 6:1-4).

A humildade e a discrição, embora valorizadas por Deus, não têm valor para o mundo. Por outro lado, o que o mundo valoriza não tem valor para Deus. Essa é a questão. Ele honra os humildes e estende sua amizade íntima àqueles que são mansos, mas o mundo se alegra com aqueles que brilham e reluzem, que brilham espetacularmente. Magros e bonitos, inteligentes e citáveis, sábios e cativantes, com fotos de família felizes e comida em um prato perfeito. A tentação é interpretar uma versão simpática de si mesmo, fazendo um espetáculo de momentos que nunca foram planejados para serem públicos.

O desempenho público dificulta a humildade privada. É incrivelmente difícil andar humildemente escondido com Deus e, ao mesmo tempo, impressionar todo mundo. E, no entanto, há uma "impressão" que acontece quando nos comprometemos a viver nossa vida real em silêncio, *off-line*. A Escritura de hoje promete que nossa vida diária pode conquistar o respeito de pessoas de fora. Essa é a meta! Não que conquistemos as massas, mas que conquistemos indivíduos para o mestre.

Há pouco tempo, fiz uma caminhada com minha amiga Jenny, e ela me disse que Deus havia convencido seu coração de que grande parte de seu serviço na igreja era motivado por uma necessidade doentia de ser vista e reconhecida como generosa e piedosa. Hoje ela frequentemente se pergunta: "Para quem estou fazendo isso? Para Jesus ou para Jenny?".

Jesus disse: "Um novo mandamento lhes dou: amem-se uns aos outros. Como eu os amei, vocês devem amar-se uns aos outros" (João 13:34-35). Quando nos concentramos em amar a Deus amando os outros — não para atender à nossa própria necessidade de parecermos bons, mas como um transbordamento de amor humilde —, as pessoas saberão a quem pertencemos e desejarão participar da ação! O foco não estará em nós, mas nele.

Ao longo da semana passada, você tem considerado o que mais precisa deixar de lado para assumir a vida dedicada que Deus tem para você. É possível que o principal obstáculo entre si e o Senhor, e entre si e os outros, seja... você? Você é o denominador comum? Seu desejo de ser visto está impedindo que você veja *o Senhor* e *os outros*? Mesmo quando parece estar servindo generosamente, você está servindo a si?

Ou talvez você não sirva aos outros de forma alguma. Talvez você tenha simplesmente criado uma vida para servir a si mesmo. Você cede a todos os impulsos que tem para atender às suas próprias necessidades, expressar seus próprios pensamentos ou satisfazer sua própria fome, mas luta para sentir e responder às necessidades ou desejos dos outros? Você interrompe os outros quando eles falam ou se esquece de dar a eles a chance de falar? Suas grandes emoções, grandes compras e grandes planos o distraem do que os outros estão pensando, sentindo e precisando? É possível que você precise de um "jejum de si mesmo"? Um tempo para deixar de lado seu interesse próprio, sua centralização em si mesmo e seu amor-próprio?

Não sei como isso será em sua vida, mas tenho ideias de como isso precisa ser na minha. Durante meus dias de jejum, sinto o Senhor me chamando para falar menos sobre mim mesma. Ao fazer uma pausa nas postagens de *selfies on-line*, estou tentando também fazer uma pausa nas conversas sobre mim com todas as pessoas da vida real que cruzam meu caminho.

Ao jejuarmos de postar sobre nós mesmos, vamos nos comprometer a amar a Deus e a amar os outros, bem como a manter o amor-próprio menor e mais silencioso — mais privado, menos público.

> *Querido Senhor, ajude-me a abandonar meu foco em mim mesmo. Não quero mais essa vida de selfie; quero meu foco em você e nos outros — para sua glória e o bem deles!*
>
> *No nome generoso de Jesus, pois ele veio para servir e não para ser servido, amém.*

DIA 32
JEJUM DE LUTA

> Uma resposta gentil afasta a ira,
> mas uma palavra dura desperta a raiva.
> — Provérbios 15:1

Às vezes, meu filho mais novo, Asher, tem torneios de polo aquático que se estendem de sexta a domingo. Como uma família que frequenta a igreja, meu marido e eu oramos muito sobre o que deveríamos fazer nessas ocasiões. Nos primeiros quinze anos, adotamos uma postura firme de "não praticar esportes aos domingos", mas então Asher começou a sonhar em jogar polo aquático por uma faculdade. Continuamos a orar e, embora acreditemos em honrar o sábado e valorizemos a comunhão cristã consistente, sentimos que o Senhor nos levou a inscrever nosso filho em alguns torneios por ano.

Embora os motivos específicos de nossa escolha não sejam o objetivo da leitura de hoje, não me importo de compartilhar alguns deles: nós nos reunimos com outros fiéis várias vezes durante a semana, portanto não corremos o risco de abandonar esse hábito; estamos na Palavra em família quase diariamente; e Asher também faz parte de um pequeno grupo de estudos bíblicos. Além disso, acreditamos que Jesus foi um modelo de afastamento para experimentar o descanso do sábado com o propósito de intimidade e renovação com o pai celestial diariamente, não apenas no sétimo dia. Finalmente, nesses domingos ocasionais, meu marido leva o restante da família à igreja, e Asher e eu "vamos à igreja" juntos na estrada. Alguns dos momentos mais incríveis que tive na Palavra com essa criança em particular foram em nosso caminho para os torneios nas manhãs de domingo.

Com uma Bíblia em suas mãos e um volante nas minhas, nós nos aprofundamos nas Escrituras. Discutimos o que significa para Asher ser o embaixador de Cristo em sua equipe e como Deus pode usá-lo para influenciar seus colegas de equipe para Cristo. Adoramos o Senhor por meio de canções e oramos por cada colega da equipe pelo nome. Quando entramos no *deck* da piscina, meu filho já estava molhado de água viva.

Em um domingo, Asher teve uma visão tão profunda de nossa leitura bíblica, que compartilhei suas palavras nas redes sociais, juntamente à referência das Escrituras e a uma foto dele pulando na piscina. Foi uma foto adorável e uma postagem significativa. Quando o jogo começou, dei toda a minha atenção para torcer pelo time e me conectar com outros pais. Uma hora depois, enquanto as crianças saíam da piscina, dei uma olhada na Internet e descobri que havia surgido um debate acalorado no tópico de comentários da minha publicação. Uma mulher em particular ficou ofendida por eu ter postado tão descaradamente sobre faltar à igreja, e outras pessoas saíram em minha defesa.

Chocada com seu tom, duvidei que ela tivesse lido a postagem inteira, considerado as Escrituras por si mesma ou orado para saber como poderia falar a (sua) verdade para mim com amor. Sua resposta irada não teve nada a ver com minha mensagem no *Facebook*, apenas com o fato de que Asher e eu não tínhamos recebido nossa mensagem de um pastor naquela manhã.

Por que estou compartilhando isso, sabendo que alguns de vocês discordarão de nossa decisão de deixar nosso filho competir nessas raras manhãs de domingo? É exatamente por isso! O que quero dizer é o seguinte: os cristãos têm permissão para discordar uns dos outros de forma amorosa. Se não pudermos ser amorosos uns com os outros, como aprenderemos a discordar de maneira amorosa com aqueles que não compartilham de nossa fé?

Se uma resposta calma tem o poder de desviar a fúria (Provérbios 15:1), acredito que um comentário gentil em uma discussão furiosa é capaz de fazer o mesmo. Embora eu tenha ficado abalada com a resposta dessa mulher à minha publicação, rapidamente fechei o celular e orei. Orei enquanto servia limonada para a equipe. Orei enquanto dava um "*highfive*" no meu filho e ouvia o técnico dar um *feedback* aos meninos. Quando meu filho estava acomodado na sombra com seus colegas de equipe, aguardando o próximo jogo, encontrei um lugar tranquilo para responder com reflexão.

Para a mulher, escrevi: "Sinto muito que tenha sido tão estressante para você ler isso. Não é meu desejo ser uma pedra no sapato dos outros. Vou considerar suas palavras enquanto continuo a levar o assunto ao Senhor". Em seguida, desliguei meu celular e aumentei meu fluxo de oração. Orei para que a mulher ofendida conhecesse a paz e a presença do amor de nosso salvador de forma tão radical, que ela não pudesse deixar de ser mais amorosa. Também convidei o Senhor a falar comigo sobre o assunto. Se Deus quisesse me convencer, eu estava aberta a essa convicção, embora soubesse que não era do feitio dele falar ao meu coração mole por meio das palavras sem amor de uma voz irada *on-line*.

Deus falou ao meu coração naquele dia e nos dias que se seguiram. Senti que ele me disse para jejuar das redes sociais aos domingos (falaremos mais sobre isso em um próximo capítulo). Mas a principal coisa que Deus comunicou ao meu coração foi que ele queria que eu jejuasse de brigas, não apenas por quarenta dias, mas por 365 dias por ano. Estou aprendendo a me inclinar com amor para o conflito quando o Senhor (e não as minhas emoções) me solicita, sem me envolver em uma briga. Às vezes, uma resposta gentil é tudo o que é necessário para subjugar a raiva ou a crítica de outra pessoa, e outras vezes eu simplesmente retiro uma postagem que não foi bem recebida.

As pessoas se sentirão ofendidas por nós, seja no *Facebook* ou cara a cara, e temos controle sobre parte disso. Não ser ofensivo ajuda. Considere com humildade como suas palavras podem ser recebidas por outras pessoas antes de pronunciá-las ou digitá-las. E quando você ofender os outros — porque às vezes ofenderá —, "Meus amados irmãos, tenham isto em mente: sejam todos prontos para ouvir, tardios para falar e tardios para irar-se, pois a ira do homem não produz a justiça de Deus" (Tiago 1:19-20). Com a ajuda do Senhor, podemos ser pacificadores em vez de causadores de problemas *on-line*. Ao continuar a jejuar das redes sociais a curto prazo, pense em como pode jejuar das brigas *on-line* a longo prazo quando voltar a conversar *on-line*.

As pessoas dizem coisas *on-line* que nunca diriam pessoalmente. Se você tem familiares ou amigos que adoram desafiar pontos de vista diferentes dos deles — sobre fé, política ou qualquer outra coisa —, comprometa-se a manter a calma e a gentileza. Em vez de entrar no ringue e revidar com suas próprias palavras acaloradas, leve esta escritura a sério:

> Fuja dos desejos malignos da juventude e siga a justiça, a fé, o amor e a paz, juntamente aos que, de coração puro, invocam o Senhor. Evite as controvérsias tolas e fúteis, pois você sabe que acabam em brigas. Ao servo do Senhor não convém brigar mas, sim, ser amável para com todos, apto para ensinar, paciente. (2Timóteo 2:22-24)

Embora não possa controlar o comportamento ofensivo de outras pessoas, você pode escolher se quer reagir de forma ofensiva. Essa escolha é sua e somente sua. Faça hoje a escolha de reagir gentilmente. Romanos 14:1 diz: "Aceitem o que é fraco na fé, sem discutir assuntos controvertidos".

> *Querido Senhor, o resultado de passar tempo com o Senhor é que me torno mais parecido com o Senhor. Não apenas sua paz e o controle de si mesmo estão disponíveis para mim, mas também sua natureza gentil. Quando os outros querem brigar, eu não preciso revidar. Faça de mim um embaixador de sua paz onde quer que eu vá, on-line e off-line. Faça de mim um pacificador, não um causador de problemas.*
> *Oro por tudo isso no nome pacífico de Jesus, amém.*

DIA 33
HÁBITOS SAGRADOS

> Rejeite, porém, as fábulas profanas de velhas e exercite-se na piedade.
> — 1 Timóteo 4:7

Meus filhos eram pequenos quando percebi alguns hábitos ruins se infiltrando em minha vida. Nada terrivelmente pecaminoso para os padrões do mundo, talvez, mas eu estava ficando cansada por causa da privação de sono e preguiçosa por falta de responsabilidade. Embora eu nunca quisesse deixar entrar em minha vida coisas que me distraíssem da minha fé ou da minha família, percebi que, sem bons hábitos, não conseguiria manter minhas prioridades no lugar.

Mas mais do que bons hábitos, eu precisava de hábitos piedosos — hábitos santos. Um dia, enquanto as crianças dormiam, sentei-me com um bloco de papel para escrever uma lista das coisas que eu queria fazer e dos limites que precisava estabelecer para mim mesma. A lista era mais ou menos assim:

- Agradecer a Deus no início de cada dia.
- Ler minha Bíblia e orar.
- Falar palavras positivas.
- Tomar o café da manhã em família.
- Ler para meus filhos.
- Cantar para eles.
- Fazer artesanato.

- Levá-los ao parque.
- Orar pelas crianças em voz alta no carro.
- Orar pelas crianças enquanto lavo a roupa.
- Experimentar uma nova receita a cada semana.
- Escrever um bilhete para um amigo toda semana.
- Ir para a cama com meu marido todas as noites.
- Não reclamar.
- Perdoar rapidamente.
- Não recorrer ao açúcar ou ao álcool para lidar com o estresse.
- Também não recorrer à TV ou ao *Facebook* para lidar com o estresse.

Consigo me ver sentada à mesa da cozinha naquele dia, olhando para a porta do "armário de artesanato" ligeiramente entreaberta por estar muito cheia de materiais divertidos para ser fechada completamente. Livros de adesivos e quebra-cabeças também estavam enfiados ali. *Little Men, Charlotte's Web* e *Children's Storybook Bible* estavam em uma pequena mesa no canto de nossa cozinha. Eu já estava fazendo muitas das coisas que escrevera na minha lista, mas outras coisas exigiriam um trabalho intencional e decidido. Não me lembro quantos dias ou meses se passaram antes de eu colocar aquela lista em verso, mas acabei fazendo isso. Intitulei meu poema de *Hábitos sagrados*.

> *Logo pela manhã, quando o céu escuro está ficando claro,*
> *Eu acordo e sussurro: "Obrigado, Deus, por minha doce noite".*
> *Eu me arrasto para fora de minhas cobertas e vou até a cozinha, onde*
> *Vejo minha fiel Bíblia sobre a mesa.*
> *Meu bule está pronto, esperando para fazer a água cantar,*
> *Então, começo a esquentar a chaleira e, diante do meu rei, trago*

Minhas orações e petições, meus louvores e meus temores,

E, quando a água está quente, sinto sua presença por perto.

Quando meu momento com ele termina, saio para despertar gentilmente

Minha família de seu sono e, em seguida, sirvo o café da manhã para a multidão.

Depois de limpar a louça e de todas as crianças terem dito "Obrigado, mamãe!",

Eu as mando para seus quartos para vestirem suas roupas escolares.

O transporte de táxi (essa é a minha van) nos leva a todos os lugares.

Ele foi interrompido uma ou duas vezes, mas na maioria das vezes nos leva até lá.

No meio-fio, oramos juntos, antes que eles saiam.

Os dias são difíceis para as crianças, por isso peço a Deus que esteja ao lado delas.

Agora, antes de continuar, preciso apenas dizer que

Essas coisas que faço não são naturais. Apenas as pratico todos os dias.

Eu costumava acordar e gemer: "Ah, minhas costas! Elas doem mesmo depois de descansar";

Mas percebi que aquelas primeiras palavras coloriram meu dia com uma bagunça verbal.

Portanto, ouça esta história com os ouvidos preparados para ouvir o que eu digo.

Não sou melhor do que você, apenas criei hábitos que promovem um dia mais santo.

A santidade não é natural; egoísmo, arrogância, conflitos.

São as coisas que vêm mais facilmente para essa mãe e esposa honesta.

Então, voltando ao meu dia e às escolhas que faço, espero que você preste atenção.

Se as escolhas não forem feitas com propósito, garanto que você ficará preso:
Preso no sofá, comendo massa de biscoito ou navegando pelo celular;
Esgueirando-se para a varanda com uma taça de vinho, porque você anseia por um tempo sozinho.
Durante o expediente, somos apenas as crianças e eu, pois meu marido trabalha e não está presente.
Mantenho minhas mãos ocupadas com trabalho duro — Provérbios 31 diz que elas devem ser fortes.
Faço um esforço para evitar as armadilhas que tão facilmente nos atraem,
Programas de TV e telas de computador, quando há crianças que querem que eu brinque.
Eu me propus a experimentar novas receitas e a ir à academia uma ou duas vezes,
E me propus a enviar um bilhete de incentivo todas as tardes.
Eu me propus a receber meu marido na porta, todas as noites, com um beijo,
E ir para a cama quando ele for para a cama, porque as camas não foram feitas apenas para descansar.
Propus-me a orar ao dobrar a roupa suja, pelos corações que preenchem cada camisa,
Que eles venham a conhecer Jesus Cristo e que sejam protegidos contra ferimentos.
Eu me propus a não fazer compras a menos que realmente tenhamos uma necessidade.
Conheço minha tendência a gastar; é uma convicção a que devo me atentar.

Comecei com um plano deliberado e trabalhei intencionalmente
Porque vidas santas não seguem a cultura; elas não surgem naturalmente.
Eventualmente, meus planos se tornaram meus hábitos, e agora é isso que compõe minha vida.
Já lhe disse antes e vou repetir: sou apenas uma simples mãe e esposa.

Não incluí esse poema de métrica imperfeita por ser bom, mas porque ele capta perfeitamente meu compromisso de me disciplinar. Com a ajuda de Deus, a piedade é possível. Esse poema não se refere apenas aos pais; a aplicação é a mesma para todos nós. Vidas santas não acontecem por acaso e não são naturais. Precisamos fazer escolhas intencionais e pedir a ajuda de Deus se quisermos crescer em nossa fé.

A maioria de nós se inscreveu para esse jejum de mídia social de quarenta dias porque reconhecemos a falta de disciplina em nossa vida *on-line*. Portanto, nos próximos dias, em um esforço para nos tornarmos mais disciplinados, vamos nos voltar para as disciplinas espirituais. As disciplinas espirituais são os hábitos sagrados ensinados e modelados para nós na Bíblia. Quando as praticamos com regularidade, crescemos espiritualmente. Minha lista poética incluía algumas, como passar tempo na Palavra, ter comunhão com outros crentes e ter uma vida de oração consistente. Nos próximos capítulos, consideraremos essas disciplinas, além de algumas outras.

Como há muitas distrações tentadoras neste mundo que nos afastam da semelhança com Cristo, precisamos ser espiritualmente fortes. O problema é que na verdade não somos — e é por isso que precisamos de um plano de exercícios para fortalecer nossos músculos da fé, que são subutilizados. As disciplinas espirituais da vida cristã trabalham para nos tornar mais fortes e mais autocontrolados.

Hoje praticar qualquer disciplina é mais difícil do que nunca, não porque haja mais distrações (embora eu acredite que haja), mas porque vivemos em um mundo que não valoriza a disciplina ou o trabalho árduo, e que promove a facilidade e o conforto. Como Andy Crouch escreveu: "Como a tecnologia se dedica principalmente a tornar nossa vida mais fácil, ela nos desencoraja a praticar disciplinas, especialmente aquelas que envolvem nos desvencilharmos da própria tecnologia".[1]

Depois de se desvencilhar da tecnologia, agora é hora de se esforçar para praticar esses hábitos sagrados para que você tenha uma vida santa e dedicada. Trocar a distração pela devoção não acontecerá por acaso, mas pode acontecer de propósito. Isso não acontece naturalmente, mas pode acontecer de forma sobrenatural.

Reserve algum tempo hoje para escrever uma lista dos hábitos que você deseja incluir em sua vida agitada, coisas de que você tem se distraído ou sido indisciplinado demais para fazer. Inclua também as coisas que você precisa parar de fazer. Sem um plano, nada vai mudar, mas com um bom plano e a ajuda de um bom Deus, a mudança é possível.

Pegue um diário de oração ou um pedaço de papel e escreva alguns dos hábitos sagrados que você deseja desenvolver nos próximos dias.

> *Querido Senhor, minhas tendências naturais precisam de sua ajuda sobrenatural. Estou pronto para criar alguns hábitos mais santos. Sei que, com o Senhor, isso é possível. Obrigado e amém.*

DIA 34
A DISCIPLINA ESPIRITUAL DO DESCANSO SABÁTICO

> No sétimo dia, Deus já havia concluído a obra que realizara, e nesse dia descansou. Abençoou Deus o sétimo dia e o santificou, porque nele descansou de toda a obra que realizara na criação.
> — Gênesis 2:2-3

Você não pode conhecer uma pessoa, a menos que passe tempo com ela; da mesma forma, você não pode conhecer o poder e a paz de Deus se não passar tempo com a pessoa de Cristo. É difícil investir em qualquer relacionamento quando estamos sempre correndo. Quer estejamos correndo para nosso trabalho ou correndo de uma forma de entretenimento para outra, é somente nos momentos em que paramos de correr que conhecemos Deus.

Desde o início, Deus fez do nosso descanso uma prioridade. Não há como negar isso. A disciplina espiritual do descanso é tecida em toda a tapeçaria das Escrituras, desde a história da criação — em que ele reservou o sétimo dia para descansarmos (Gênesis 2:2-3) —, passando pela entrega dos Dez Mandamentos, em que nosso descanso se tornou mais do que uma mera sugestão (Êxodo 20:8); até o exemplo do próprio Cristo, em que ele se afastou e convidou seus discípulos a fazerem o mesmo (Marcos 6:21). Mas se o descanso é tão essencial, por que é tão difícil? Por que a ideia de fazer uma pausa ameaça nos quebrar quando o descanso é o que nos refaz, renova, restaura e cria?

Todas as gerações acham terrivelmente difícil parar de se esforçar. Ouso dizer que hoje, em nossa cultura cada vez mais conectada, conectar-se a Deus de forma tranquila e repousante é mais difícil do que nunca. Sempre há trabalho a ser feito, *e-mail*s para responder e um celular para atender. Mesmo quando saímos do trabalho, levamos o trabalho conosco.

Deus tem muito mais a nos dar do que um celular — hora livre de comunhão nas manhãs de domingo. Uma semana de derramamento requer mais do que uma hora de derramamento de volta. Se você experimentou um novo preenchimento do poder dele desde que começou esse jejum de distrações *on-line*, talvez deva considerar deixar o celular de lado todos os domingos, mesmo após o término do jejum. Considere cada dia de sábado um dia de jejum. Um dia para jejuar do trabalho a fim de descansar e para jejuar da conexão constante com o mundo a fim de se conectar com aquele que criou o mundo. O jejum é a chave para o descanso do Dia do Senhor.

Eu estava no segundo ano da faculdade quando me senti convencida, pela primeira vez, a observar o Dia do Senhor. Embora eu tenha sido criada em um lar cristão e tenha memorizado os Dez Mandamentos quando criança, não tenho uma única lembrança de ter sido ensinada sobre como deveria ser honrar o sábado. Uma década depois de ter escondido os Dez Mandamentos em meu coração, decidi que faria todas as minhas lições de casa do fim de semana aos sábados, para poder descansar aos domingos. Adotei o hábito de dirigir por uma hora até a praia mais próxima depois da igreja, nas manhãs de domingo. Depois de estacionar, eu fazia uma longa caminhada. Embora não tivesse um celular no bolso, eu tinha meu *walkman* amarelo-brilhante. Eu voltava para o campus na hora do jantar, visitava a cafeteria e ia para a cama cedo.

Como resultado direto de honrar o sábado, minha amizade com o Senhor do sábado cresceu. E é realmente disso que se trata a disciplina do descanso do sábado. Jejuamos do trabalho para encontrar nosso descanso nele. Jejuamos dos esforços para experimentar sua permanência divina.

O trabalho, no entanto, não é a única distração que nos ameaça aos domingos. Somos uma nação obcecada por diversão. Às vezes, chamamos nossa diversão de recreação, mas acho esta palavra engraçada. Sinônimo de *brincadeira*, *recreação* é formada pela colocação do prefixo *re* antes do radical *criação*, que significa, literalmente, "criar novamente" ou "fazer de novo".

Embora jogar seja bom para nós e tenha o poder de nos preencher de muitas maneiras, discordo daqueles que dizem que isso tem o poder de nos recriar. Nada renova nossa saúde física ou espiritual como o descanso. Recriar requer não brincar, mas descansar.

Quer você esteja correndo aos domingos para trabalhar ou para se divertir, o convite é o mesmo. Deus nos convida a parar de correr e a encontrar nosso descanso. O Senhor nos ama tanto, que deseja estar conosco, *re*criando-nos de dentro para fora, mas isso exige que aceitemos seu convite e que diminuamos o ritmo. O jejum pode nos ajudar a fazer exatamente isso. Quando nos disciplinamos a deixar de lado todas as distrações — trabalho, comida, música, estudo, mídia social, telefonemas, *Snapchat*, *Netflix*, *Instagram* —, há uma chance de aprendermos a deixar nosso corpo de lado também.

Por milhares de anos, desde que Deus descansou no sétimo dia da criação, o sétimo dia da semana tem permanecido seu em muitas partes do mundo. Os judeus foram os primeiros a receber e a obedecer a essa ordem. Do pôr do sol de sexta-feira ao pôr do sol de sábado à noite, eles se cumprimentam com as palavras *Shabbat Shalom*, que significa "paz no sábado". Isso é dito como uma bênção para aqueles que respondem ao convite de Deus para descansar. *Shabat Shalom*: que a paz que vem da observância do sábado seja sua hoje. Oh, que bênção e convite! "Parem de lutar! Saibam que eu sou Deus!" (Salmo 46:10)

Para aqueles que lutam para diminuir o ritmo e descansar, a disciplina espiritual do jejum pode ajudá-lo a se tornar mais disciplinado em honrar o sábado. Às vezes, é preciso jejuar para diminuir o ritmo.

Pare de correr e de se esforçar tanto. Um dia por semana, encontre sua paz na presença de Deus. Se houver outras maneiras de jejuar aos domingos para se banquetear com ele, considere-as também. Pare de comer compulsivamente e conheça o preenchimento de Deus. Desligue seu programa de TV e deixe que ele se mostre a você. Passe algumas semanas sem namorar ou sair com os amigos nas noites de domingo, e invista na amizade íntima disponível para você em Cristo. Pare de fazer compras e saiba que ele é tudo de que você precisa. Pare de se preencher com prazeres e atividades temporárias e, em silêncio, aproveite seu preenchimento eterno. Faça uma pausa em tudo que o distrai e dedique-se a conhecê-lo.

Quando nos afastamos das prioridades deste mundo e priorizamos nosso descanso nele, podemos encontrar paz todos os dias da semana. Aqueles que não têm paz geralmente são inquietos. Mas aqueles que encontram descanso também encontram paz.

Lembra-se do salmo 23, em que o bom pastor "nos faz deitar" (v. 2)? Bem, na verdade você tem a liberdade de escolher se vai se deitar ou não. Escolha aceitar esse convite gracioso e priorizar o descanso durante o restante do jejum e, em seguida, considere como serão seus sábados além dos dias de jejum. Talvez você precise de um jejum tecnológico contínuo todos os domingos para que possa receber a bênção: *Shabbat Shalom*.

> *Senhor do sábado, ajude-me a honrá-lo obedecendo-lhe. Ensine-me como o jejum se relaciona com o descanso. Estou disposto a deixar de lado o trabalho, o lazer, o celular... o que for preciso para experimentar sua paz, seu poder e sua presença em minha vida. Obrigado por ser Deus; desejo ficar quieto por tempo suficiente para conhecê-lo melhor. Amém.*

DIA 35
A DISCIPLINA ESPIRITUAL DA ORAÇÃO

> E quando vocês orarem, não sejam como os hipócritas. Eles gostam de ficar orando em pé nas sinagogas e nas esquinas, a fim de serem vistos pelos outros. Eu lhes asseguro que eles já receberam sua plena recompensa. Mas quando você orar, vá para seu quarto, feche a porta e ore a seu Pai, que está no secreto. Então seu Pai, que vê no secreto, recompensá-lo-á.
> — Mateus 6:5-6

Como me preparei para meu primeiro jejum de mídia social, escolhi levar dois livros como companheiros literários. Ambos enfocavam o poder da oração. Nos últimos anos, eu andava muito distraída para me dedicar à oração e estava ansiosa por um avivamento em meu coração e em minha casa. O clássico de Leonard Ravenhill, *Why Revival Tarries*, desafiou-me desde suas primeiras linhas:

> A Cinderela da igreja de hoje é a reunião de oração. Essa serva do Senhor não é amada e não é cortejada porque não está enfeitada com as pérolas do intelectualismo, nem é glamourosa com as sedas da filosofia; tampouco é encantadora com a tiara da psicologia. Ela usa as vestes da sinceridade e da humildade e, portanto, não tem medo de se ajoelhar![1]

Infelizmente, na maior parte do ano, conversar com Deus fica em segundo plano em minha vida porque estou muito ocupada conversando com todas as outras pessoas. Fico distraída e me esqueço. Entretanto, quando jejuo, eu me lembro. Quando faço uma pausa na constante conversa *on-line*, lembro-me de como estou desesperada para ter a conversa mais importante de todas.

Nos últimos dias, mudamos nosso foco para as disciplinas espirituais e para o exercício intencional de nossos músculos espirituais subutilizados. Se nossa vida de oração se atrofiou devido ao pouco uso na última década, podemos usar o tempo que liberamos durante esse jejum para exercitar nossos músculos de oração novamente. Como estamos *off-line*, não seremos tentados a fazer isso de uma forma que seja vista ou apreciada pelos outros. Em silêncio, em nossos locais privados de oração, podemos nos envolver humildemente com Deus de novo, não apenas para nosso próprio benefício, mas em favor dos outros. Quando nossas cabeças estão inclinadas diante do Senhor, e não diante de nossas telas, a revelação e a transformação se derramam em nossa vida e na vida daqueles por quem estamos intercedendo.

Meu avô sempre me dizia "Sua avó e eu estamos orando por você, Wendy. Oramos especificamente para que você conheça a alegria de um casamento cristão". Não me lembro de ele ter compartilhado nenhuma outra oração. Embora o vovô e a vovó tenham falecido há alguns anos, suas orações de intercessão continuam vivas em meu casamento. Regularmente, olho para meu marido e me sinto impressionada com a bondade do Senhor. Agradeço a Deus não apenas por meu marido, mas também por meu avô, minha avó e suas orações.

Durante meus jejuns anuais de mídia social, uso muito do meu tempo e energia para orar por meus próprios filhos. Mencionei, no início deste capítulo, que dois livros sobre oração me ajudaram a ficar mais forte e mais consistente em minha vida de oração. O primeiro é *Why Revival Tarries*, de Ravenhill, e, o segundo, *Praying the Scriptures for Your Teens*, de Jodie Berndt. Todos os dias, com a ajuda de histórias e das Escrituras, Berndt me conduzia em oração por meus três filhos. Eu orava para que eles falassem a verdade e tivessem integridade; orava para que fossem servos e para que não buscassem a si mesmos; orava contra a depressão, a rebelião e a automutilação; orava por seus futuros cônjuges.

Quando Matt e eu nos casamos, o primeiro livro que li foi *The Power of a Praying Wife* (O poder de uma esposa que ora), de Stormie Omartian.[2] Certo dia, ele saiu para trabalhar chateado com alguma coisa, embora eu não tivesse ideia do que fosse. Como havíamos namorado à distância e por apenas alguns meses antes de nos casarmos, eu não o conhecia bem. Abri o livro *The Power of a Praying Wife* e fiz a oração sobre a raiva, baseada nas Escrituras. Naquela tarde, Matt chegou em casa mais cedo e se sentou à mesa da cozinha enquanto eu preparava o jantar. Ele colocou a cabeça entre as mãos e lamentou: "Eu estava com muita raiva hoje. Posso ver isso agora, mas não sei por quê".

No dia seguinte, depois que ele saiu para o trabalho, fui instada novamente a orar, dessa vez pelo capítulo sobre orgulho. Mais uma vez, ele voltou para casa dominado por uma clara convicção. Ele me disse: "Percebi, enquanto dirigia para o trabalho esta manhã, que luto contra a raiva porque luto contra o orgulho".

Fiquei chocada com a rapidez com que o Senhor estava agindo por meio de minhas simples orações e lembro-me de ter orado naquela noite: "Senhor, se a oração realmente funciona, não quero parar de orar nunca mais!". No entanto, acabei parando. A oração exige autocontrole; é por isso que ela é uma das disciplinas espirituais. É difícil manter-se dedicado à oração quando se está distraído. Minha vida *on-line* certamente prejudicou minha vida de oração.

Andrew Bonar disse certa vez: "Jejum é abster-se de qualquer coisa que impeça a oração".[3] Esse é um dos principais benefícios do jejum das redes sociais, no meu ponto de vista.

Não vamos jejuar das redes sociais para liberar mais tempo para ler bons livros (embora eu espere que você esteja sendo abençoado por este livro). Na minha opinião, esse é um dos principais benefícios do jejum das mídias sociais.

Enquanto estivermos aqui na Terra, esse tipo de diálogo com Deus exigirá disciplina. Já disse antes que a conversa *on-line* é barulhenta e distraidora, mas está chegando um tempo, e se aproxima rapidamente, em que o mundo *on-line* e o resto deste mundo passarão. Nesse momento, encontrar-nos-emos diante do Senhor, como a Cinderela diante de seu príncipe. O refrão eterno de nossa dança será: "Digno é o Cordeiro que foi morto de receber poder, riqueza, sabedoria, força, honra, glória e louvor!" (Apocalipse 5:12). Está chegando o dia em que todas as outras canções cessarão e em que esta ecoará por toda a eternidade.

Anos atrás, um homem que liderava o culto em nossa igreja pediu que ficássemos de pé e que cantássemos isso com um convite: "Este é seu ensaio geral. Chegará o dia em que você começará sua vida eterna na presença de Deus, cantando seus louvores. Vamos nos preparar para esse dia glorioso". Sei que este capítulo trata de oração, não de cânticos, mas o tema geral é o mesmo. Estamos nos comunicando com o cordeiro que foi morto, aquele que morreu por nossos pecados para que pudéssemos ter acesso à sua presença agora e para sempre! Que pensamento incrível: somos capazes de falar com ele e de cantar para ele agora.

Considere esses quarenta dias como seu ensaio geral. É preciso disciplina espiritual para largar o celular e ajoelhar-se, mas do outro lado desta vida há outra, na qual se ajoelhar não exigirá nenhuma disciplina. Você fará isso de forma sobrenatural — ficando de pé, ajoelhado, dançando e cantando na presença do cordeiro. Glória!

> *Querido Senhor, obrigado por me dar uma maneira de me comunicar com o Senhor hoje — em particular e em espírito de oração. É uma prática humilde e invisível, que não vai me dar "curtidas" on-line, mas é a conversa pela qual estou mais desesperado. Obrigado também pela oportunidade de orar por aqueles que conheço e amo. Imprima seu propósito por eles em meu coração e me faça me ajoelhar em favor deles. Que privilégio é conversar com o Senhor. Em nome de Jesus, amém.*

Disciplina espiritual vs. autodisciplina

Talvez você tenha tomado a decisão de jejuar das redes sociais porque não tem disciplina em seu tempo *on-line*. "Só mais um episódio" se transforma em mais três episódios de seu programa favorito. Programar o despertador para amanhã de manhã se transforma em uma hora percorrendo *feeds* de notícias e vídeos do *Youtube*. A prática dessas disciplinas espirituais não só o ajudará a se tornar mais disciplinado espiritualmente, mas também a se autodisciplinar. Continue exercitando seus músculos espirituais, e você se fortalecerá em todas as áreas de sua vida.

DIA 36
A DISCIPLINA ESPIRITUAL DE IR À IGREJA

> Proclamem a grandeza do Senhor comigo;
> juntos exaltemos o seu nome.
> — Salmos 34:3

Em 2019, recebi uma mensagem privada de uma mulher chamada Lauren, que tinha visto um anúncio no *Instagram* convidando-a a participar de um dos meus jejuns anuais de açúcar. Lauren escreveu: "Oi, Wendy. Soube de seu desafio e estou acompanhando. Não sou cristã, mas não me oponho a tentar do seu jeito". Ela me perguntou como usar uma Bíblia para procurar os versículos de cada dia. Tivemos uma conversa significativa, mas não tive mais notícias dela até depois do jejum, quando ela me enviou outra mensagem: "Muito obrigada. Fazer o jejum de açúcar de quarenta dias me ajudou a perceber que preciso de um relacionamento com Deus". Ela continuou dizendo que aqueles quarenta dias de oração e jejum haviam mudado sua vida atual *e sua vida eterna*. E pensar que ela se deparou com esse convite no *Instagram*...

Fico impressionada com o fato de Deus abençoar ativamente as pessoas por meio da Internet. Ele sempre nos procurou exatamente onde estávamos. Assim como Jesus veio à Terra há dois mil anos, hoje ele está buscando as pessoas por meio das postagens de homens e mulheres que pensam no evangelho. Ele está usando seu povo na Internet porque é lá que a maioria das pessoas está "vivendo" hoje.

A mídia social é o "portão da cidade" da nossa cultura atual — o local onde pessoas importantes se reuniam para conversar e conduzir negócios nos tempos antigos (consulte Provérbios 31:23). Se tivessem um assunto importante para discutir, elas se reuniam e debatiam o assunto nos portões da cidade. Hoje as pessoas se reúnem *on-line*. Se você está tentando ter acesso à vida de outras pessoas, seja para fazer amigos ou influenciar pessoas, a mídia social é uma ferramenta poderosa.

Recentemente, ouvi Beth Moore falar sobre o uso do *Twitter* dessa forma centrada no evangelho. Embora haja poder ali, Beth advertiu: "Estar ali não significa estar ali o tempo todo".[1] Infelizmente, muitas pessoas abrem uma conta de mídia social de forma inocente, mas, com o tempo, ela se torna uma obsessão doentia. O poder da salvação está vivo e bem *on-line* hoje — mas, para que permaneçamos acesos, precisamos continuar alimentando a chama. Uma das melhores maneiras que conheço de fazer isso é praticando esta próxima disciplina espiritual: ir à igreja. Um local de adoração de tijolo e argamassa.

Na antiga era dos portões literais das cidades, havia outro lugar onde o povo de Deus se reunia: a sinagoga. Quando Jesus e seus discípulos chegavam a uma nova cidade, eles iam à sinagoga local para compartilhar o mistério do reino de Deus com outras pessoas. Esse era seu costume. Era o que ele fazia regularmente. Mateus 4:23 nos diz que "Jesus foi por toda a Galileia, ensinando nas sinagogas deles, pregando as boas-novas do Reino e curando todas as enfermidades e doenças entre o povo". Marcos 3:1 começa com "Noutra ocasião, ele entrou na sinagoga", e Lucas 4:16 nos diz que, quando Jesus chegou a Nazaré, foi à sinagoga no sábado, "como era seu costume". Há uma lição para nós aqui: ir regularmente à casa de Deus deve ser nosso *costume*.

O tempo *on-line*, não importa o quanto possa ser espiritualmente enriquecedor para nós ou para os outros, é insignificante em comparação com a frequência a uma igreja saudável. Antes de sairmos para ser a igreja neste mundo, precisamos primeiro ir à nossa igreja local.

Quando você se conecta a uma igreja saudável e amorosa, servindo e sendo servido por pessoas reais, seu tempo *on-line* se torna um poderoso transbordamento do amor que você recebeu. As palavras certas fluem via texto ou por meio de um *tweet* porque a Palavra do Senhor fluiu primeiro por meio de um bom ensino bíblico. O amor dele flui de você para as pessoas *on-line* que você deseja influenciar de forma mais poderosa depois que o amor dele flui para dentro de você — de forma poderosa —, por meio de uma família da igreja que vive, respira e está na vida real. Derramar sem ser derramado pode levar ao esgotamento. Quando você se esgota, a chama geralmente se apaga, portanto, certifique-se de passar mais tempo atravessando os portões da igreja *real* do que se conectando aos portões da cidade virtual.

Se você recebe todo o seu ensino bíblico *on-line*, é hora de encontrar uma igreja local com pessoas reais, que possam abraçá-lo quando você estiver sofrendo. Você precisa de pessoas que lhe tragam refeições quando você estiver de luto e que batam palmas quando você estiver comemorando. Embora exista poder em um convite *on-line*, não há nada mais poderoso do que uma pessoa de carne e osso convidando outra para almoçar e caminhar pela vizinhança ou para um estudo bíblico com pessoas reais, abrindo Bíblias com páginas reais e passando marcadores de texto e lenços de papel de verdade ao redor de uma mesa.

Quando passamos menos tempo nos reunindo nos portões digitais e mais tempo nos reunindo como uma congregação, nosso tempo *on-line* tem o poder do evangelho. A palavra *congregação* vem do grego *ekklesia*. *Ekklesia* é composta por duas palavras. Primeiro, *ek*, que é um advérbio que significa "fora de", seguido pelo verbo *kaleo*, que significa "chamar". O propósito da congregação é literalmente "chamar para fora".[2]

Este é nosso objetivo: chamar aqueles que estão nas trevas e convidá-los para a maravilhosa luz do filho que conhecemos e amamos. Antes de se conectar novamente à sua vida *on-line*, certifique-se de estar conectado à sua *ekklesia* local, à sua congregação. Antes de *sair*, é fundamental estar aprendendo e crescendo junto àqueles que já foram chamados. Dedique-se a essa disciplina espiritual e veja sua devoção ao Senhor e ao seu povo crescer!

Você já esteve fora da comunhão com a igreja? Muito ocupado com a vida ou muito magoado com o legalismo que experimentou quando era criança? Permita-me convidá-lo a voltar para a comunhão da família da igreja. Como em todas as famílias, muitas vezes há disfunções. Mas o pai da família e o filho são perfeitos e estão chamando cada membro da família para ser aperfeiçoado na comunhão. Você ficou desconectado digitalmente por quase quarenta dias. Quando seu jejum chegar ao fim, certifique-se de se conectar a uma família da igreja.

Senhor, o Senhor enviou seu filho para me buscar; é por isso que ele desceu. Ele me encontrou exatamente onde eu moro. Agora é minha alegria e meu trabalho alcançar outras pessoas, onde quer que elas estejam, seja on-line, seja na fila atrás de mim no supermercado. Para que eu possa fazer isso de forma saudável, preciso fazer parte de uma família em uma igreja saudável. Antes que eu possa me derramar, preciso ser derramado. Conduza-me a uma igreja onde eu possa crescer! Mostre-me como posso servir lá também. A partir desse lugar saudável e transbordante, faça de mim uma luz brilhante em cada portão da cidade por onde eu passar! Em nome de Jesus, amém.

DIA 37
A DISCIPLINA ESPIRITUAL DE LEITURA DA BÍBLIA

> A tua palavra é lâmpada que ilumina os meus passos e luz que clareia o meu caminho.
> — Salmos 119:105

Quando comecei a procurar faculdades, duas em Illinois estavam no topo da minha lista. Meu pai, que se formou na Wheaton College, em Illinois, avisou-me que, naquela região do país, o Sol não aparece por entre a cortina escura de nuvens durante três meses seguidos em alguns invernos. Esta garota da Califórnia decidiu não se mudar para lá por motivos de saúde física e mental. A vitamina D sempre me fez bem emocionalmente. Anos mais tarde, meu marido trabalhava no setor farmacêutico, vendendo psicotrópicos. Ele me disse que os estados com invernos mais longos têm porcentagens mais altas de residentes que tomam medicamentos antidepressivos, enquanto os estados com mais Sol têm um dos menores números de casos per capita. Há algo a ser dito sobre o poder do Sol.

Como seguidora de Cristo, sei que também há um tremendo poder na presença do filho. Eu me volto ativamente para o filho todo dia, especialmente durante meus períodos de escuridão pessoal. Durante esses períodos de escuridão, luto para sentir sua luz e presença brilhantes. Quando aquele que se autodenominou a luz do mundo parece mais obscuro, tenho de praticar a disciplina espiritual de consultar sua Palavra. Acreditar no que ela diz, mesmo que contradiga o que sinto, tem sido um dos maiores estímulos à minha saúde espiritual. As palavras memoráveis de Jesus me dizem a verdade sobre a escuridão espiritual que ameaça e sobre como devo permanecer em sua luz, independentemente de minhas emoções ou circunstâncias.

Jesus prometeu: "Eu sou a luz do mundo. Quem me segue nunca andará em trevas, mas terá a luz da vida" (João 8:12). Permanecer perto da luz do mundo deve ser nossa resposta em todas as épocas de escuridão. A luz de sua Palavra ilumina os recônditos escuros de nossas mentes confusas e acalma nossos sentimentos de medo. A verdade de sua Palavra nos leva de volta ao lugar encharcado de filho — onde podemos ver claramente e determinar para onde daremos nossos próximos passos.

Infelizmente, às vezes me contento com o brilho "pixelado" do meu celular em vez de com a "luz da vida" que me é prometida quando ando com Cristo. Ainda outra noite, eu estava me revirando na cama, sem sono e ansiosa, com uma tosse incômoda e preocupações incômodas também. À 1h37 da manhã, confundi a luz do meu celular com a luz de que eu mais precisava. Eu sabia que estava lutando física e emocionalmente, mas, em vez de me voltar para o Senhor em sua Palavra, puxei as cobertas para trás e, em silêncio, fui pegar meu celular no outro quarto. De leve, toquei o pequeno quadrado que abria meu *feed* do *Instagram*. A primeira imagem que chamou minha atenção consistia em um simples texto preto em um fundo branco: "Odeio pensar nas vezes em que Deus quis falar comigo, mas em que eu estava ocupado demais olhando as fotos das férias de alguém no *Instagram*".[1]

Imediatamente convencida de ter acendido a luz errada, fechei o *Instagram* e abri meu aplicativo da Bíblia, no ponto em que havia parado no dia anterior. A luz que jorrava da Palavra de Deus era exatamente do que eu precisava para substituir a escuridão que me ameaçava. Embora

Deus tenha usado aquela postagem oportuna no *Instagram*, ela não iria me ajudar. Eu precisava ouvir o próprio Deus.

Muitas pessoas dizem que a leitura da Bíblia é uma das disciplinas mais difíceis de praticar. Elas se distraem demais com o mundo para abrir a Palavra com alguma regularidade. Em nossa casa, temos um ditado: "A Palavra antes do mundo". Eu me disciplinei a abrir minha Bíblia todos os dias antes de abrir meu *e-mail* ou perfil na mídia social, e estou ensinando meus filhos a fazer o mesmo.

Este mundo pode ser escuro e confuso, mas a escuridão é apenas a ausência de luz. Abrir a Bíblia é como acender os holofotes. Temos a lanterna mais poderosa possível em nossa mesa de cabeceira. O Salmo 119:105 diz: "A tua palavra é lâmpada que ilumina os meus passos e luz que clareia o meu caminho". Alguns versículos depois, lemos: "A explicação das tuas palavras ilumina e dá discernimento aos inexperientes" (v. 130). A passagem inicial desse mesmo salmo começa: "Como são felizes os que andam em caminhos irrepreensíveis, que vivem conforme a lei do Senhor!" (v. 1).

É difícil permanecer no caminho revelado por Deus quando não conseguimos ver onde plantar nosso próximo passo. Não sei quanto a você, mas eu já andei na escuridão literal e na escuridão espiritual. A Palavra de Deus nos diz que, quando andamos com ele, lado a lado, à luz de sua Palavra, não precisamos tropeçar nem mais um dia. Lembro-me do verso inicial do antigo hino "Trust and Obey":

> *Quando andamos com o Senhor*
> *À luz de sua Palavra,*
> *Que glória ele derrama em nosso caminho.*[2]

É preciso disciplina para pegar a Bíblia e voltar sua luz para nós mesmos e para nossas circunstâncias. Mas devemos intencionalmente combater as trevas ao nosso redor e em nós, caminhando com Cristo, a luz do mundo, e com o conselho de sua lâmpada. Abra sua Palavra hoje. Meu comentário diário não é suficiente para iluminar sua vida — abra a Palavra dele e deixe-a brilhar intensamente. Abra-a e abra sua vida à sua presença iluminadora. Depois faça isso novamente amanhã, no dia seguinte e no outro. Dedique-se a essa disciplina, sem distrações digitais. E depois, quando seus dias de jejum chegarem ao fim, continue com essa prática espiritual.

Faça da "Palavra antes do mundo" seu mantra matinal.

Às vezes, é preciso "escurecer" para experimentar a luz do mundo. É isso que você está fazendo durante esses dias de jejum — desligando-se do mundo para se conectar à luz do mundo.

> *Luz do mundo, quando a escuridão ameaça me destruir, quando não sei a resposta e me perco, você é a luz de que preciso. Você é melhor do que a vitamina D e melhor do que o brilho da minha tela no meio da noite. Você é a resposta para cada sentimento, pensamento e circunstância sombrios. Eu acredito nisso. Amarre-me ao seu lado, Senhor, para que eu nunca mais ande na escuridão. E me dê a disciplina espiritual para permanecer lá. Brilhe, Senhor Jesus, para que eu não tropece mais um dia. Em sua luz e nome brilhante e glorioso, amém.*

DIA 38
AS DISCIPLINAS ESPIRITUAIS DE SERVIR E DE DAR O DÍZIMO

> "Tragam o dízimo todo ao depósito do templo, para que haja alimento em minha casa. Ponham-me à prova", diz o Senhor dos Exércitos, "e vejam se não vou abrir as comportas dos céus e derramar sobre vocês tantas bênçãos, que nem terão onde as guardar."
> — Malaquias 3:10

Nas páginas iniciais deste livro, mencionei que, quando olhamos para cima, há uma chance de realmente vermos as pessoas reais ao nosso redor. É claro que não queremos apenas olhar para cima e vê-las; queremos ajudar a atender às suas necessidades! O Senhor generosamente viu e respondeu às nossas necessidades, e somos convidados a transmitir o amor que nos foi dado vendo, respondendo e cuidando dos outros. Neste mundo centrado em si mesmo, isso não acontece de maneira natural. Temos de acionar nossos músculos da doação se quisermos que eles sejam fortes.

Hoje estamos considerando as disciplinas espirituais de servir e de dar o dízimo — pois as duas andam de mãos dadas e em generosidade. Dar o dízimo à igreja e apoiar outros ministérios de misericórdia, a fim de atender às necessidades espirituais e práticas das pessoas local e globalmente, são um dos chamados claros da vida cristã. O mesmo acontece com a doação dos recursos limitados de seu tempo e talentos na forma de serviço ativo. Infelizmente, amar a Cristo não nos torna magicamente semelhantes a ele. Temos de praticar sua generosidade ao praticarmos sua abnegação e o amor sacrificial que ele modelou para nós.

Se você tem medo de pensar em doar seu dinheiro para a igreja, não está sozinho. É difícil doar financeiramente a outras pessoas quando seu dinheiro mal atende às suas próprias necessidades. O mesmo acontece com seu tempo e sua energia. Mas a Palavra de Deus promete que não precisamos nos preocupar. "Tragam o dízimo todo ao depósito do templo, para que haja alimento em minha casa. Ponham-me à prova", diz o Senhor dos Exércitos, "e vejam se não vou abrir as comportas dos céus e derramar sobre vocês tantas bênçãos, que nem terão onde as guardar" (Malaquias 3:10).

Sei, em primeira mão, que Deus é fiel à sua Palavra. Fui criado por uma mãe solteira que raramente tinha dinheiro extra; no entanto, para cada dez dólares que ganhava, minha mãe doava um à igreja. Quando comecei a servir mesas, fiz o mesmo. Guardava todas as minhas gorjetas em um envelope branco e escrevia, do lado de fora, quanto dinheiro havia ganhado em cada turno. No final do mês, fazia um depósito de uma só vez em minha conta bancária para pagar minhas contas, mas retinha 10% para o dízimo. A quantia era tão pequena, que muitas vezes eu tentava justificar que o Senhor não precisava de minha escassa oferta. Mas, com o passar dos anos, percebi que eu precisava dar mais do que o Senhor precisava receber. Descobri a alegria que advém da obediência a Deus e de pensar menos em mim e mais nos outros. Pude ver Deus agindo em todo o mundo, em vez de ver o mundo apenas por meio da angústia opressiva de pensar inteiramente em mim.

Embora pensemos que encontraremos aquilo de que precisamos em uma loja, Deus diz que seu depósito é de onde fluem bênçãos abundantes. Quando paramos de dar apenas para nós mesmos e começamos a devolver nosso tempo e dinheiro a Deus para o benefício de outros, descobrimos que ele tem mais para nos dar do que poderíamos imaginar. Não estou falando de nos pagar com juros. Deus gosta de dar um retorno espiritual sobre nossos investimentos espirituais — mas isso começa com as disciplinas espirituais de servir e de dar o dízimo.

Jesus disse em Mateus 6:19-20: "Não acumulem para vocês tesouros na terra, onde a traça e a ferrugem destroem, e onde os ladrões arrombam e furtam. Mas acumulem para vocês tesouros no céu, onde a traça e a ferrugem não destroem, e onde os ladrões não arrombam, nem furtam". Não se limite ao que pode ser encontrado na loja (ou na *Amazon Prime*), mas descubra o que Deus tem *reservado* para aqueles cujos tesouros estão armazenados no céu. Durante os últimos dias desse jejum de mídia social, exercite os músculos da sua fé, assumindo o compromisso de dar o dízimo e de servir.

Tradicionalmente, praticamos essas disciplinas em nossa igreja local. Mantemos bebês no berçário, lideramos um pequeno grupo durante um estudo bíblico no meio da semana ou servimos na equipe de louvor e, em seguida, doamos 10% de nossa renda para apoiar o trabalho contínuo do ministério em nossa comunidade e em todo o mundo.

Embora não estejamos mais sob a lei do Antigo Testamento, o Antigo Testamento apresenta um quadro generoso de doações para nós. Não eram simples 10% do total, colocados em um prato uma vez por ano, na época da colheita. Os israelitas davam muitos tipos diferentes de doações, no templo e em seus festivais, durante todo o ano. A porcentagem que eles davam acabava sendo muito maior do que 10%, e é por isso que gosto de considerar 10% um bom ponto de partida!

Em vez de perguntar a Deus como você poderia dar 10%, pergunte a ele qual a porcentagem que ele quer que você dê, e comece por aí. Meu palpite é que o número será maior do que você imagina. Já ouvi falar de pessoas que começaram com a porcentagem típica de 10% e, a cada ano em que Deus supriu suas necessidades, aumentaram sua doação em mais um ponto percentual. Ano após ano após ano!

Embora a maioria das pessoas opte por doar todo o seu dízimo diretamente à igreja local, outras se sentem motivadas a doar uma parte aos missionários que conhecem pessoalmente. De novo, eu o incentivo a perguntar a Deus como e quanto ele quer que você doe para o trabalho contínuo do evangelho, tanto global, quanto localmente. Se a doação parecer assustadora, fale com ele sobre suas preocupações. Em seguida, busque o que ele tem a lhe dizer por meio de sua Palavra. Filipenses 4:19 sempre me inspira em minhas doações: "O meu Deus suprirá todas as necessidades de vocês, de acordo com as suas gloriosas riquezas em Cristo Jesus".

Quando Deus nos chamou para amá-lo em primeiro lugar e, em segundo, amar os outros, não cometeu um erro e se esqueceu de nós. Ele conhece nossas necessidades e promete atendê-las quando mantivermos nossos olhos nele. Saber que ele suprirá nossas necessidades nos libera para atender às necessidades daqueles que estão física e espiritualmente empobrecidos. É mais fácil dizer sim a ele e não a nós mesmos quando nos lembramos de como seus armazéns são abundantes.

O mesmo se aplica quando estamos doando os recursos limitados de nosso tempo e atenção, não apenas no domingo de manhã, mas durante toda a semana. Não limite seu serviço ao culto da igreja, mas leve o culto da igreja para o mundo, servindo. É claro que para isso é preciso pensar menos em si mesmo e mais nos outros, quer esteja doando seu dinheiro, tempo ou atenção para atender às necessidades deles. Como mencionei, colocar-se em último lugar é um tipo de jejum de si mesmo. Quando você deixa de lado a distração do amor-próprio, fica livre para se dedicar a amar a Deus servindo aos outros. As disciplinas espirituais do dízimo e do serviço desenvolverão os músculos espirituais de sua fé, pois permitirão que você compartilhe sua fé com os outros.

Na tranquilidade de uma conversa em oração, pergunte a Deus como ele quer que você se junte, de forma financeira e prática, ao trabalho que ele está realizando local e globalmente. Seus armazéns são abastecidos em abundância. Confie que ele fornecerá tudo de que você precisa à medida que o usar para suprir as necessidades dos outros.

> Oh Deus, meu Deus, obrigado por me convidar a participar do que o Senhor está fazendo na igreja local e em todo o mundo. Fale ao meu coração sobre como doar e quanto doar, onde servir e como servir. O desejo do meu coração é responder com alegria, não com medo. Por favor, dê-me coragem. Essa não é uma oração pequena, Deus. Estou pedindo que o Senhor me torne um doador e um servo mais generoso, porque o Senhor me deu muito. Amém.

Procurando maneiras de servir e apoiar?

Entre em contato com sua igreja local e descubra em que eles precisam de ajuda no momento. Eles precisam de professores na escola dominical para as crianças de quatro anos? Recepcionistas para o culto matutino? Pessoas para ficar depois da igreja e para retirar as mesas e cadeiras do pátio? Líderes de pequenos grupos para os cultos do meio da semana do Ensino Médio? Há algum missionário que a igreja conheça e que esteja lutando para conseguir seu sustento mensal? Talvez o clamor das pessoas que passam fome nos países em desenvolvimento tenha chegado aos seus ouvidos e ao seu coração. Ou talvez haja itens práticos que você possa doar para o centro local de produtos para gestantes no centro da cidade.

Pense fora da caixa e siga Deus para fora de sua zona de conforto, acreditando que ele será fiel à sua Palavra e que proverá tudo de que você precisa de acordo com suas riquezas em glória (Filipenses 4:19).

DIA 39
AS DISCIPLINAS ESPIRITUAIS DA SOLIDÃO E DA MEDITAÇÃO

> Destruímos argumentos e toda pretensão que se levanta contra o conhecimento de Deus, e levamos cativo todo pensamento, para torná-lo obediente a Cristo.
> — 2Coríntios 10:5

Nos últimos dias, examinamos as práticas espirituais de oração e leitura da Bíblia, comunhão cristã, doação e serviço, mas a disciplina de hoje pode ser a mais útil de todas quando se trata de aumentar nossa devoção: solidão e meditação. Hoje estamos considerando o que significa passar tempo com aquele a quem queremos ser mais devotados.

Não importa do que estejamos jejuando, o jejum traz alguma medida de tranquilidade para nossas vidas. Quer paremos de correr a cada sino do jantar, quer a cada toque do celular, o jejum nos acalma e nos dá a chance de nos sentarmos. Ao domarmos nossos aplicativos, há uma chance de domarmos nossos pensamentos também. Dedicar-se silenciosamente a Cristo em sua vida de pensamentos é uma das práticas mais reservadas e poderosas de todas as disciplinas espirituais.

Embora a devoção em meio às distrações digitais seja difícil, os pensamentos que distraem não são novidade. O irmão Lawrence, um monge francês do século XVII, escreveu:

Comecei a viver como se não houvesse ninguém no mundo além dele e de mim. Eu o adorava sempre que podia, mantendo minha mente em sua santa presença e relembrando-a sempre que ela se distraía. Tive muita dificuldade nesse exercício, mas continuei apesar de todas as dificuldades, e não fiquei preocupado ou angustiado quando me distraí involuntariamente. Eu fazia isso durante o dia com a mesma frequência com que o fazia durante o tempo formal especificamente reservado para a oração; pois em todos os momentos, a toda hora, a todo momento, mesmo nas horas mais movimentadas de meu trabalho, eu bania e afastava de minha mente tudo o que fosse capaz de me desviar do pensamento de Deus.[1]

Toda vez que leio essa citação, volto às últimas linhas: "(...) eu bania e afastava de minha mente tudo o que fosse capaz de me desviar do pensamento de Deus". O irmão Lawrence desejava ter uma mente única. Ele não conhecia nada de nossa cultura atual. Vivia entre outros monges; dormia e estudava dentro dos limites de quatro paredes de pedra, com apenas o conforto de uma cama e o luxo de uma cadeira de madeira ao lado de uma mesa simples. Ainda assim, seus pensamentos trabalhavam para desviá-lo, para distraí-lo de sua devoção. Assim, "em todos os momentos, em todas as horas, em todos os momentos, mesmo nos mais movimentados", o irmão Lawrence se dedicou a concentrar seus pensamentos em Deus.

2Coríntios 10:5 nos aconselha a levarmos "cativo todo pensamento, para torná-lo obediente a Cristo". Meu Deus, que acusação! A Nova Versão Transformadora nos diz que devemos "capturar pensamentos rebeldes e ensiná-los a obedecer a Cristo". O apóstolo Paulo estava falando sobre qualquer pensamento oposto a Cristo em ação em nossa vida e em nossa mente. Desde o diálogo interno negativo até fantasias pecaminosas e pensamentos humorísticos levemente inadequados, mas aparentemente inofensivos, somos chamados a domá-los todos em uma linguagem militarizada e forte, porque Paulo sabe que nossas mentes são campos de batalha espirituais.

Estamos em uma batalha espiritual. O príncipe deste mundo sussurra mentiras em nossos ouvidos sobre quem não somos, para que não possamos ouvir a verdade de Deus, que nos diz quem somos. Outras vezes, ele nos desvia com pensamentos menos importantes, para que não nos lembremos do que é mais importante. É por isso que o mestre nos deu esse comando assertivo: "Derrubem as mentiras, neguem as distrações e entreguem seus pensamentos a mim". Nossa falta de autocontrole no que se refere ao consumo é um problema sério, sem dúvida, mas nossa vida de pensamentos também está fora de controle. Deus está nos chamando para deixar de lado qualquer pensamento que não seja obediente a Cristo. Como seria praticar a disciplina espiritual de negar outras vozes para ouvir a dele? Como domamos nossos pensamentos da mesma forma que domamos nossos aplicativos? E é possível que essa disciplina espiritual possa nos ensinar a viver uma vida de escuta mesmo após o término do jejum?

Consultar a Palavra é um encargo prático; nós meio que sabemos como isso deve ser. Ir à igreja aos domingos também não é muito difícil de imaginar. Até mesmo dar o dízimo à igreja pode ser calculado e contado no prato de doações. Mas a disciplina de domar nossos pensamentos para que possamos meditar em Cristo parece evasiva. Em que devemos pensar? O que realmente *fazemos*? E quanto tempo ficamos sentados em silêncio? Se a oração é sua própria disciplina, então o que é exatamente a meditação? Boas perguntas.

Já ouvi dizer que, enquanto a oração é falar com Deus, a meditação é simplesmente ouvi-lo. A disciplina da solidão e da meditação tem a ver com aprender a comungar silenciosamente com Cristo, e não apenas a se comunicar com ele. Thomas Merton escreveu: "O nível mais profundo de comunicação não é a comunicação, mas a comunhão. Ela não tem palavras. Está além das palavras, está além da fala e está além do conceito".[2]

Cristo veio para que pudéssemos conhecer um relacionamento íntimo e dedicado com o pai, o espírito e ele. O propósito da solidão não é que sejamos solitários; é desenvolver um relacionamento de amor íntimo e privado com aquele que nos convida a ir com ele para um lugar solitário (ver Marcos 6:31).

Andy Wilsen Tozer escreveu estas palavras para nos inspirar a nos afastarmos de toda a sociedade — não apenas das redes sociais —, a fim de nos comunicarmos calmamente com o Senhor:

> Vez ou outra, retire-se da agitação do mundo, de toda a sociedade humana, inclusive de sua família. Retire-se e feche a porta, e lá, sozinho com Deus, você crescerá em graça. Você se tornará calmo enquanto o mundo grita, chacoalha e sopra seus terríveis apitos ao seu redor. Quando sua alma tiver sido abençoada, você poderá voltar para onde o mundo pobre, cansado e barulhento está assobiando em seus cemitérios e conversar com eles sobre algo que valha a pena.[3]

Hoje pratique o silêncio e a solidão. Será mais fácil fazer isso agora do que daqui a alguns dias, quando os sinos estiverem tocando e, os apitos, soprando novamente. Por enquanto, mesmo podendo terminar este capítulo, não o termine. Permaneça em sua cadeira. Sente-se em silêncio por mais alguns minutos. Permita que o espírito de Deus fale com seu espírito. Comunique-se com ele. Sente-se em sua presença e desfrute do conhecimento de sua proximidade. Então, esta noite, antes de dormir, pratique essa disciplina espiritual novamente. E pela manhã, antes mesmo de abrir os olhos, deite-se com ele. Comungue com ele em silêncio no início de outro dia. Dedique-se a essa disciplina espiritual agora e depois leve-a consigo em sua vida além desse jejum.

Não há fórmulas de tamanho único para qualquer uma dessas disciplinas, mas todas exigem disposição para reorganizar nossa vida em um esforço para nos fortalecermos espiritualmente. Tozer também disse:

> Quero reorganizar minha agenda para que, às vezes, eu possa me retirar da sociedade esmagadora para passar algum tempo com Deus, cultivando coisas espirituais, acalmando meu coração e ouvindo Deus falar no silêncio. Não digo com que frequência. Não digo por quanto tempo. Digo apenas que algo assim precisa ser feito se quisermos romper o vínculo magnético entre a sociedade e nosso pobre coração.[4]

Querido Senhor, eu domei meus aplicativos; ajude-me a domar meus pensamentos também. Quero submeter toda a minha vida, inclusive meus pensamentos, a você. Isso requer silêncio e quietude para desvendar o barulho em minha cabeça. Obrigado por me convidar a ir com o Senhor para um lugar solitário e me sentar em silêncio. Ensine-me a aquietar minha mente para que eu possa conhecer sua mente. No nome consolador e tranquilizador de Jesus, amém.

DIA 40
LIMITES E LIBERDADE

> Foi para a liberdade que Cristo nos libertou. Portanto, permaneçam firmes e não se deixem submeter novamente a um jugo de escravidão.
> — Gálatas 5:1

Acho irônico que nossos celulares sejam chamados de "celas"*. Com muita frequência, somos dominados por eles e nos sentimos como prisioneiros *trancados em nossas celas*. Hoje, no entanto, estamos comemorando nossa libertação. As portas da prisão se abriram, e agora estamos caminhando sob a luz do Sol! Neste último dia de jejum, oro para que você esteja experimentando uma profunda sensação de liberdade, que o inspire a continuar firme e livre no filho — mesmo após o término do jejum.

Sua liberdade foi o motivo principal pelo qual Cristo veio à Terra. Faça mais uma pausa no *Selá* e deixe que essa incrível realidade o preencha. Ele veio para lhe conceder a liberdade dos grilhões e das consequências do pecado. Ele veio para libertá-lo, para caminhar ao seu lado na gloriosa presença de Deus, o pai. E deixou seu espírito para guiá-lo em sua vida livre e contínua. Considerando os grandes esforços que ele fez para libertá-lo e ajudá-lo a permanecer livre, o que você escolherá fazer hoje, amanhã e depois de amanhã?

João 8:36 diz: "Portanto, se o filho os libertar, vocês de fato serão livres". Que planos você fez para proteger sua liberdade? Lembre-se de que

---

* "cell", em inglês, significa (também) "cela". Por isso que, nesse idioma, funciona o trocadilho pretendido pela autora ("cell phone").

hábitos santos não surgem de maneira natural ou por acidente. Embora sua liberdade tenha sido dada gratuitamente, permanecer livre pode lhe custar caro. Você está pronto para colocar algumas grades de proteção em torno de sua vida *on-line* para não perder sua vida real? Se quiser continuar caminhando em liberdade — com as mãos vazias balançando despreocupadamente ao seu lado, mãos vazias se levantando em adoração, mãos vazias disponíveis para abraçar os entes queridos e servir aos outros —, você precisa ter um plano antes que esse dia termine.

Talvez você já tenha ouvido essa expressão comum: "Se você não planeja, está planejando falhar". Antes de voltar ao mundo digital, faça um plano! Com os limites firmemente estabelecidos, você terá mais chances de manter Cristo em primeiro lugar. Os limites o ajudarão a trocar suas distrações *on-line* por devoção na vida real.

Aqui estão os limites que considero mais úteis:

Vá para a Palavra antes do mundo. Nossa família tem uma placa ao lado da tomada em nosso quarto, que diz: "A Palavra antes do mundo". Os celulares são um portal para o mundo, mas a Bíblia é um portal para aquele que é a Palavra. Antes de me abrir para as opiniões dos outros, preciso saber o que Deus pensa. Antes de olhar para fora, eu olho para cima. E estou ensinando meus filhos a fazer o mesmo.

Use uma Bíblia impressa, não uma versão on-line. Quando uso o aplicativo da Bíblia, acabo ficando no meu celular por uma hora depois de fechar o aplicativo. Isso não é bom. Por isso, criei o hábito de manter uma Bíblia ao lado da minha cama ou na mesa da cozinha, para me ajudar a me concentrar em minhas prioridades no início de cada novo dia. Dito isso, gosto de usar meu celular ao longo do dia, quando as Escrituras me vêm à mente por vários motivos. Adoro a facilidade de fazer uma pesquisa no *Google* quando me lembro de algumas palavras de uma passagem conhecida. No entanto, logo pela manhã, e quando estou na igreja aos domingos de manhã, pego minha velha amiga encadernado em couro.

Escolha quando ficar on-line. Há alguns anos, perguntei ao meu marido se ele estaria disposto a se juntar a mim para deixar de lado nossos celulares, do final do dia de trabalho até as crianças irem para a cama. Embora eu ainda adore essa ideia, agora implemento um limite mais eficaz, que aprendi com Cal Newport em seu livro *Digital Minimalism*.[1] Em vez de escolher uma ou duas horas para deixar meu celular de lado, escolho as horas em que o pegarei. Isso não inclui as raras ligações que recebo; é o tempo que passo nas redes sociais. É uma pequena mudança, que faz uma enorme diferença.

Deixe de seguir as pessoas cujas publicações lhe causam estresse ou negatividade. Se alguns de seus relacionamentos *on-line* não forem saudáveis, agora é a hora de deixar de seguir essas pessoas. Há maneiras de fazer isso sem "deixar de ser amigo" delas. Dependendo da plataforma de mídia social que você usa, é possível bloquear as publicações de determinadas pessoas para não precisar vê-las durante seu tempo limitado *on-line*. Sugiro isso para familiares, amigos e colegas de trabalho que o deixam estressado. Não há necessidade de sentir *aversão* ao percorrer as publicações daqueles de que você "gosta".

Crie um feed que alimenta. Se e quando decidir voltar aos seus *sites* favoritos de mídia social, comprometa-se a usar esse espaço para abençoar e incentivar outras pessoas, em vez de para discutir em voz alta ou julgar silenciosamente. Use seu *feed* para alimentar outras pessoas, edificando-as por meio de seu amor e de suas boas obras. Você ficou no escuro *on-line* por um tempo para experimentar a luz do mundo. Agora que absorveu a presença dele, você também é uma luz para o mundo. Vá brilhar para ele!

Desative as notificações, oculte os aplicativos ou retire totalmente as redes sociais do seu celular. Esses são alguns dos limites mais fáceis que você pode estabelecer. Se você fez essas coisas no início de seus dias de jejum, por que as desfazer agora? Considere cuidadosamente para que deseja usar a mídia social, quando deseja usá-la e quanto da sua vida está disposto a dar a ela. Se você desfrutou de sua liberdade, faça o que for preciso para continuar a andar nela, ser pai nela, trabalhar nela e viver nela. Foi para a liberdade que Cristo o libertou, portanto, faça o que for preciso para continuar assim. Os limites saudáveis não têm a intenção de prendê-lo, mas de libertá-lo!

Tire um período sabático de mídia social todos os domingos. Para mim, essa é a melhor maneira de honrar o *Sabbath*. Se Deus nos chamou para parar de trabalhar um dia por semana, imagino que esse seja o dia em que eu deva parar de usar meu celular também. #diversãodominical é uma *hashtag* popular, mas isso não significa que você precisa compartilhar sua diversão *on-line* com todos. Permita que os domingos sejam um momento especial, um momento particular e um momento sagrado.

Faça um jejum de mídia social de quarenta dias todos os anos. Além de seu período sabático semanal, escolha um momento *a cada ano* para se afastar por quarenta dias. Você já fez isso uma vez; planeje fazê-lo novamente. Quarenta dias é um pouco mais de 10% do ano — pense nisso como um dízimo de sua atenção e afeto.

Continue seguindo aquele que te libertou. Cristo te libertou! Mantenha-se dedicado a ele acima de tudo. Recuse-se a se distrair. 2Coríntios 3:17 nos diz: "Ora, o Senhor é o Espírito e, onde está o Espírito do Senhor, ali há liberdade". Mantenha o espírito mais próximo do que seu celular e busque sua sabedoria mais do que quaisquer palavras sábias compartilhadas em *podcasts*, *master classes* ou TED *Talks*.

Se você experimentou alguma dose de alegria ao se dedicar à presença de Deus, não volte casualmente para a Internet amanhã como se isso não fosse afetar seu relacionamento íntimo com ele. Isso afetará, sim. Seja cuidadoso e ore. Embora esse seja o fim de seu jejum, não deve ser o fim de sua liberdade. Não se deixe enrolar em todos os fios de carregadores novamente, ou você poderá tropeçar neles e cair de volta na velha cela.

Ao estabelecer seus limites de maneira intencional, mantenha como prioridade em sua vida as disciplinas espirituais que abordamos. Você não precisa jejuar 365 dias por ano, mas esses hábitos sagrados devem fazer parte de sua rotina anual se quiser continuar firme. Mesmo após o término do jejum, você deve se lembrar de continuar a ingerir a Palavra de Deus e de praticar a presença dele.

O jejum não é uma prática espiritual feita uma vez. Se você se distrair, esquecendo-se de consumir as coisas eternas, jejue novamente das coisas que o distraem temporariamente, para se lembrar. O objetivo do jejum é sempre o banquete. Quando você para de consumir as coisas temporárias deste mundo, fica livre para se banquetear com a presença eterna daquele que criou o mundo. Nossa meta nesses quarenta dias não foi simplesmente eliminar as distrações *on-line*, mas aumentar nossa liberdade e devoção ao Senhor, enquanto desfrutamos dele e de todas as suas bênçãos na vida real. Esse jejum pode ter acabado, mas sua liberdade nunca deve acabar.

> *Querido Senhor, estou muito feliz por ter tido esse tempo sem distrações com o Senhor. Eu costumava ficar ansioso se meu celular perdesse a carga, mas agora que fui carregado pela fonte de energia certa, estou experimentando paz e liberdade! Ajude-me a estabelecer limites em torno dessa vida livre e pacífica que o Senhor me deu, para que eu não me enrole e tropece novamente. No libertador nome de Jesus, amém.*

DIA 41
UMA VIDA INTEIRA DE DEVOÇÃO

Você recebeu Cristo Jesus, o Mestre; agora viva nele.
— Colossenses 2:6-7

Adicionei um capítulo bônus porque o objetivo desse jejum não é fazer uma pequena "pausa" ou até mesmo um "rompimento" permanente com a mídia social. O objetivo do jejum sempre é ter mais de Jesus. Mais de Jesus, afastando todos e tudo o mais que está nos atrapalhando, distraindo e dando uma falsa sensação de plenitude. Se sua vida está cheia dele agora, não há tanto espaço para as coisas que você costumava fazer. Ele é seu hábito, seu novo hábito, seu santo hábito! A vida deveria ser diferente hoje do que era há 41 dias. Se estiver, sugiro que você não volte para onde estava. Pense cuidadosamente em como deseja que sua vida, tanto *on-line*, quanto *off-line*, seja.

Agora que Cristo está firmemente assentado no centro de sua vida, mantenha-o lá. Não volte à sua antiga vida, vivendo a maior parte do dia *on-line*. Mantenha seus olhos nele. Em *The Art of Racing in the Rain* (A arte de correr na chuva), Garth Stein nos adverte: "Seu carro vai para onde vão seus olhos".[1] Essa é a nossa advertência de hoje: nossa vida vai para onde vão nossos olhos. Passamos os primeiros dias desse jejum levantando os olhos para Deus, e o encontramos vivo e bem na natureza e em nossos relacionamentos mais íntimos. Nós o descobrimos no trabalho e no lazer, e até mesmo no supermercado. Tirar os olhos das telas permitiu que nos sentíssemos vistos e que enxergássemos. Desviar nossos olhos das distrações *on-line* foi o primeiro passo para redescobrir uma vida de devoção, mas, para manter essa vida, precisamos manter nossos olhos elevados.

Simplesmente limitar suas distrações por quarenta dias não o manterá dedicado a Deus pelo resto de seus dias — embora isso possa ajudar. Em vez disso, comece com uma vida dedicada, com os olhos fixos nele 365 dias por ano, e ele o ajudará a lidar com as distrações que surgirem. Quando seus olhos estão em Cristo, todo o resto encontra seu devido lugar. Mas quando outra coisa é prioridade, é quase impossível encontrar um lugar para ele. É sobre isso que estamos falando hoje. Não de quarenta dias de devoção, mas de uma vida inteira de devoção, com Cristo no centro, afastando as distrações. Ele nunca pediu quarenta dias, mas, sim, uma eternidade como rei de seu coração. Você já entregou seu coração a ele?

Decida-se a fazer isso agora, se ainda não o fez. O curso acabou; esse é o dia de sua formatura! Esse é o início da vida além de seu jejum. Os limites sobre os quais falamos ontem ajudarão, mas Cristo no centro de sua vida ajudará ainda mais. Quando a tentação vier, ele estará lá para defender seu lugar de direito. Você é sua morada. Mantenha-se comprometido com esse relacionamento íntimo acima de qualquer outro. Conviva com ele antes de ir para a mídia social todas as manhãs.

A passagem abaixo sempre me vem à mente quando jejuo de qualquer coisa que tenha assumido uma posição mais elevada do que deveria em minha vida. Permita-me incentivá-lo a pegar uma caneta e a circular todas as palavras que fazem referência à posição preeminente de Cristo em nosso coração e em nossa vida.

Ele é a imagem do Deus invisível, o *primogênito* de toda a criação, pois nele foram criadas todas as coisas nos céus e na terra, as visíveis e as invisíveis, sejam tronos ou soberanias, poderes ou autoridades; todas as coisas foram criadas por ele e para ele. Ele é *antes* de todas as coisas, e nele tudo subsiste. Ele é a cabeça do corpo, que é a igreja; é o *princípio* e o *primogênito* dentre os mortos, para que em tudo tenha a supremacia.

(1Colossenses 1:15-18, grifo do autor)

Antes que qualquer outra coisa fosse criada, Cristo existia, e, por meio dele, tudo o mais passou a existir. Ele foi o primeiro e o primogênito. A cabeça do corpo dos crentes, a cabeça da igreja. A ponta, o topo. O princípio. Portanto, antes de nos voltarmos para qualquer pessoa ou coisa a cada dia, devemos nos voltar para ele. Cristo deve continuar a ser prioridade em nossos dias. Ontem compartilhei que um dos meus limites pessoais é voltar-me para a Palavra antes de me voltar para o mundo todas as manhãs. A Palavra antes do mundo. Essa é a maneira mais prática de manter Cristo como prioridade em minha vida, literalmente antes de tudo.

Há muito a fazer e muitas pessoas a quem responder, mas acredito em Jesus quando ele disse: "Busquem, pois, em primeiro lugar o Reino de Deus e a sua justiça, e todas essas coisas lhes serão acrescentadas" (Mateus 6:33).

As distrações deste mundo parecem tão importantes para nós o tempo todo, não é mesmo? Os *e-mails* precisam ser respondidos, os eventos esportivos precisam ser assistidos, as crianças precisam ir para a escola, nós precisamos ir para o trabalho, as compras precisam ser feitas, os jantares precisam ser preparados, a louça precisa ser lavada, e a roupa suja está sempre sendo lavada. A nova temporada de sua série favorita e os últimos episódios de seus *podcasts* favoritos também cairão em seu colo virtual hoje. E, ainda assim, Cristo deve continuar a ter a supremacia.

Primeiro Cristo, e depois todo o resto. Essa é a ordem de nossos dias. Insista nele e busque-o todas as manhãs e durante todo o dia. "Portanto, já que vocês ressuscitaram com Cristo, procurem as coisas que são do alto, onde Cristo está assentado à direita de Deus. Mantenham o pensamento nas coisas do alto, e não nas coisas terrenas" (Colossenses 3:1-2).

Essa passagem apareceu no início do livro, na página de dedicatória. Estou terminando com ela também, porque erguer os olhos, erguer a cabeça e erguer as mãos para ele em adoração — e para os outros em serviço — é o que significa a vida real. É aqui que está a ação! Não fique tropeçando; olhe para cima. Quando você vive com os olhos voltados para cima, é menos provável que tropece!

Quarenta dias de devoção nunca foram a meta. Estamos buscando uma vida inteira de devoção.

Foi uma alegria viajar com você durante esses dias tranquilos *off-line*. Embora eu tenha te conduzido à Palavra, Cristo é aquele que é a Palavra, e ele está nos conduzindo agora. Siga-o. Antes de voltar seu olhar para todos os outros que você está seguindo, mantenha o compromisso de segui-lo!

> Deus, estou tão feliz por ter passado esse tempo com o Senhor. Estou começando a entender que isso não precisa acabar agora. O tempo com o Senhor por quarenta dias foi apenas o começo. Esse foi o objetivo desses dias de jejum, não foi? O Senhor não quer apenas quarenta dias no centro da minha vida; o Senhor quer todos os meus dias centrados no Senhor. Essa é a vida à qual estou me dedicando agora. Ajude-me a manter o curso quando as distrações surgirem, Senhor. Pois eu sou seu, e você é meu. Se eu me esquecer, jejuarei novamente para me lembrar.
> Em nome de Jesus, amém.

AGRADECIMENTOS

Eu reconheço humildemente que não poderia ter escrito uma palavra que valesse a pena ser lida sem a ajuda do Espírito Santo. Tampouco poderia ter terminado a tarefa sem o apoio sacrificial de minha amada família, as orações fiéis de meus queridos amigos e o trabalho árduo e contínuo da editora que Deus tão generosamente providenciou.

Estou muito agradecida.

Ao meu marido, Matt: obrigada por me abraçar com tanta ternura e, ao fazê-lo, também por abraçar esse chamado em minha vida. Não tem sido fácil. Reconheço que, quando me afasto para servir aos outros, às vezes me afasto de você. Você é muito querido por me ajudar a dançar essa dança estranha de servir em casa e fora de casa. Obrigada por construir para mim uma edícula no jardim e por levar os meninos para acampar, trocar a roupa suja e lavar a louça. Qualquer fruto que venha de meu trabalho é porque colaboramos um com o outro.

Para meu agente literário, Bill Jensen: Deus deve realmente me amar por ter me apresentado a você. Você é o melhor agente literário de todo o mundo!

À minha editora, Liz Heaney: continuo crescendo como escritora à medida que você me desafia.

Para a incrível equipe da Baker Publishing: sou continuamente abençoada pelo seu apoio e entusiasmo constantes. Um brinde a servirmos juntos novamente!

Por fim, para você, que leu este livro: seu desejo de querer menos a *World Wide Web* e mais aquele que criou o mundo foi minha motivação. Eu também quero desejar mais a Deus. É um privilégio buscá-lo e encontrá-lo com você.

NOTAS

Antes de jejuar:

1. LEWIS, Clive Staples. *Mere Christianity*. Nova York: Macmillan, 1952, p. 53.

2. DESIRING GOD. "Ask Pastor John: When Should I Get Rid of My Smartphone?". Disponível em: https://www.desiringgod.org/interviews/when-shoul-i-rid-of-my-*smartphone*. Acesso em: 25 de agosto de 2015.

3. BROAD BAND SEARCH. "Average Time Spent on Social Media". Disponível em: https://www.broadbandsearch.net/blog/average-daily-time-on-social-media. Acesso em: 18 de junho de 2020.

4. LEAD QUIZZES. "55 Social Media Quotes about *Twitter*, *LinkedIn*, and *Facebook* Marketing". Disponível em: https://www.leadquiz.sezcom/blog/55-social-medi-n-osetou-qatwitter-linkedin-and-faketing/ra-mkoobec. Acesso em: 31 de agosto de 2018.

Dia 1: A mídia social é ruim?

1. LEWIS, Clive Staples. *Christian Reflections*. Grand Rapids: Eerdmans, 1967, p. 33.

2. TOZER, Aiden Wilsen. "Counsel for Faith's Journey". In: *Gems from Tozer: Selections from the Writings of* Andy Wilsen Tozer. Chicago: Moody, 2017.

Dia 3 Escapismo

1. BIBLE HUB. "2853. Kollaó". Disponível em: https://biblehbucom/strongs/gree358/2khtm. Acesso em: 19 de junho de 2020.

2. CROUCH, Andy. *The Tech-Wise Family: everyday steps to put technology in its proper place*. Grand Rapids: Baker Books, 2017, pp. 26-27.
3. PELLICANE, Arlene. *Calm, Cool, and Connected: 5 Digital Habits for a More Balanced Life*. Chicago: Moody, 2017, p. 58.

Dia 4: Socialização

1. GOOREADS. "Johann Wolfgang von Goethe Quotable Quotes". Disponível em: https://www.goodreads.com/quotes/2326-things--which-matter-most. Acesso em: 19 de junho de 2020.

Dia 7: Olhos nos céus

1. GOOREADS. "Ann Voskamp's Blog, Page 21: July 6, 2019". Disponível em: https://www.goodreasdcom/auth ro/show/1890 .093Ann_Voskampgol/b?page1=2. Acesso em: 19 de junho de 2020.

Dia 9: Faxina de primavera

1. DICTIONARY.COM. "Expressões idiomáticas e frases: Cleanliness Is Next to Godliness". Disponível em: https://www.dictionary.com/browse/cleanliness senildo-go-ttxe-ns-ix. Acesso em: 19 de junho de 2020.

Dia 11: Tire seu celular do trono dele

1. CIMONS, Ruth Chou & SIMON, Troy. *Foundations*. Eugene (OR): Harvest House, 2019, p. 28.

Dia 12: "Tech-Neck"

1. SPINE HEALTH. "Como o pescoço de texto causa dor?". Disponível em: https://www.spine-hea.htlcom/conditions/neck-wo/hnia-pdoes--text-neck-caia-pesun. Acesso em: 26 de outubro de 2018.

Dia 13: Pepitas de Ouro

1. ILLIAN, Alisha. *Chasing Perfect*. Eugene (OR): Harvest House, 2020, p. 15.

Dia 14: Pare de rolar a tela. Comece a passear

1. MILES, Charles A. *In the Garden*. Domínio público, 1913.

Dia 15: Encha meu copo, Senhor

1. BLANCHARD, Richard. Fill My Cup, Lord. 1959, *copyright* renovado em 1988 pela Word Music, LLC. Todos os direitos reservados.

Dia 17: Escolhido

1. DESIRING GOD. "Know When to Walk Away: A Twelve-Step Digital Detox". Disponível em: https://www.desiringgod.org/articles/know-whkla-wo-tnex Acesso em: 30 de maio de 2016.

Dia 22: Você está pronto para estar pronto para Deus?

1. AMUSING PLANET. "Shrek, the Sheep Who Escaped Shearing for 6 Years". Disponível em: https://www.amusingplanet.7/0410/2moc/shrek-sheep-who-escapiraeh-sdem. Acesso em: 23 de julho de 2014.

Dia 23: Mantendo seu primeiro amor em primeiro lugar

1. CHICAGO TRIBUNE. "Does Using Social Media Make You More Likely to Cheat?". Disponível em: https://www.chicagotribune.com/lifestsely/sc-social-m-aidecheating-faylim-1115-20161111-s.yrothtml. Acesso em: 11 de novembro de 2016.

2. MARTER, Joyce, conforme citado em "Does Using Social Media Make You More Likely to Cheat?".

Dia 25: Saboreie o salvador

1. PIPER, John. *A Hunger for God*: *Desiring God through Fasting and Prayer*. Wheaton: Crossway, 1997, p. 23.

2. EVANGELISTA REINHARD BONNKE OFICIAL FACEBOOK PAGE. Disponível em: https://www.facebook.com/evangelistreinhardbon-eh/tstso/peknless-holy-spirit-eva-he-wthe-more-cake-and-coff-dee-ne-weeto-keep-the-church/15519 8/751354140. Acesso em: 8 de janeiro de 2011.

Dia 29: Extra! Extra! Leia tudo sobre isso!

1. GEOFFREY G. NATHAN LAW. "National Human & Sex Trafficking Statistics". Acesso em: 19 de junho de 2020. Disponível em: http s://www.geoffreygnathanlaw.com/topics/national tat-sgnikcffiar-tnamu-hi.

Dia 30: Pequenas raposas

1. HALLESBY, Ole. *Prayer*. Minneapolis: Augsburg Fortress, 1994, p. 114.

Dia 33: Hábitos sagrados

1. CROUCH, Andy. *The Tech-Wise Family: everyday steps to put technology in its proper place*. Grand Rapids: Baker Books, p. 37.

Dia 35: A disciplina espiritual da oração

1. RAVENHILL, Leonard. *Why Revival Tarries*. Bloomington (MN): Bethany, 2007, p. 19.

2. OMARTIAN, Stormie. *The Power of a Praying Wife*. Eugene (OR): Harvest House, 1997.

3. CHRISTIAN QUOTES. "Andrew Bonar Quotes". Disponível em: https://www.christianquotes.info/quotes-by-author/andrew-bonar-quotes/. Acesso em: 19 de junho de 2020.

Dia 36: A disciplina espiritual de ir à igreja

1. WHITTLE, Lisa. "JOE S3E8: Interview with Beth Moore". Disponível em: https://lisawhittle.com/joe-s3e8. Acesso em: 28 de janeiro de 2020.

2. BIBLE HUB. "1577. Ekklésia". Acesso em: 19 de junho de 2020. Disponível em: https://biblehub.com/greek/1775.htm.

Dia 37: A disciplina espiritual de leitura da Bíblia

1. LISA WHITTLE OFFICIAL INSTAGRAM PROFILE. Disponível em: https://www.instagram.com/p/B3_9c3Y/njB7. Acesso em: 24 de outubro de 2019.

2. SAMMIS, John Henry. *Trust and Obey*. Domínio público, 1887.

Dia 39: As disciplinas espirituais da solidão e da meditação

1. HARTGROVE, Jonathan Wilson & OKORO, Enuma. *Common Prayer: A Liturgy for Ordinary* Radicals. Grand Rapids: Zondervan, 2010, pp. 252–53.
2. MERTON, Thomas. *The Hidden Ground of Love: Letters*. Nova York: Farrar, Straus & Giroux, 1985, p. X.
3. TOZER, Andy Wilsen. *No Greater Love*. Bloomington (MN): Bethany House, 2020, p. 102.
4. _____. pp. 102–3.

Dia 40: Limites e liberdade

1. NEWPORT, Cal. *Digital Minimalism*. Nova York: Portfolio, 2019.

Dia 41: Uma vida inteira de devoção

1. STEIN, Garth. *The Art of Racing in the Rain*. Nova York: HarperCollins, 2011, p. 83.

Precisamos de uma pausa.
Um hiato sagrado.
Um período sabático de mídia social.

Uma leitura essencial para quem deseja formar o coração e a alma das filhas

Crie meninas livres de ansiedade é mais do que um diagnóstico sobre a realidade emocional das meninas de hoje. É um manual completo, acessível e profundamente cristão, que entrega ferramentas eficazes para que pais, mães e responsáveis ajudem suas filhas a lidar com a ansiedade de maneira saudável e transformadora.

Com mais de 30 anos de experiência, a conselheira cristã Sissy Goff oferece estratégias práticas para ajudar meninas a enfrentarem a preocupação com coragem, equilíbrio e fé, reforçando sua confiança em Deus.

**Para pais que querem criar filhos
com fé, caráter e propósito**

As estatísticas são claras: os meninos enfrentam hoje desafios emocionais e espirituais que não podemos ignorar. Eles lideram índices de ansiedade, depressão e isolamento, muitas vezes sem espaço para expressar o que sentem.

Com base na sabedoria bíblica e na psicologia, esta obra oferece ferramentas práticas para formar meninos emocionalmente saudáveis e espiritualmente firmes. Traz reflexões sobre masculinidade, saúde emocional e espiritualidade infantil, sempre inspiradas no caráter de Cristo.

A IGREJA DO AMANHÃ

Encontrando seu propósito hoje

SKYE JETHANI

sanktō

O que acreditamos sobre o amanhã determina como vivemos o hoje.

Skye Jethani explora como uma visão bíblica do futuro pode transformar nosso trabalho com propósito e dignidade. Ele argumenta que as ideias cristãs populares sobre o futuro, em vez de orientar, muitas vezes desvalorizam o trabalho fora do ministério, o que afasta jovens da igreja e leva uma cultura sedenta de significado a rejeitar nossa mensagem. Em A Igreja do Amanhã, Jethani oferece uma visão inspiradora para cultivar ordem, beleza e abundância, refletindo o coração de Deus para o mundo e incentivando um envolvimento fiel e significativo.

**Obra histórica e fundamental para
entender a Reforma Protestante**

Em um tempo de inquisição, as ideias de *A Igreja* ecoaram até a fogueira onde Jan Hus foi queimado por heresia. Contudo, sua morte fortaleceu seu legado, tornando-o precursor da Reforma Protestante.

O teólogo desafiou a corrupção da Igreja Católica e defendeu o retorno à pureza dos ensinamentos de Cristo. Sua obra e martírio inspiraram Martinho Lutero, que o reconheceu como um reformador antes de seu tempo, utilizando muitos de seus pensamentos em seus próprios escritos que transformariam a Europa, o cristianismo e a história intelectual no século XVI.

Este livro foi composto por Maquinaria Sankto Editorial nas famílias tipográficas Alternate Gothic, Archer Pro, Poppins e stix Two Text. Impresso pela gráfica Viena em junho de 2025.